LES LOIS

SUR

LA POLICE, LA VENTE ET LE PILLAGE

DES DENRÉES

En nature ou préparées, servant à la nourriture des Hommes.

EXPLIQUÉES PAR LES MAGISTRATS

Aux Bouchers, Boulangers, Pâtissiers, Traiteurs, Aubergistes,
Confiseurs, Épiciers; aux Producteurs et Marchands de
grains, farines et liquides; aux Éleveurs et Marchands
de bestiaux destinés à la consommation;
aux Communes; aux Officiers de police
judiciaire, et aux Consommateurs,

AVEC DES ANNOTATIONS,

PAR M. P. MINIER,

JUGE-SUPPLÉANT.

Éclairer les esprits, calmer les passions,

A PARIS,

CHEZ ALPHONSE DELHOMME, LIBRAIRE,
rue du Pont de Lodi, 3, près le Pont-Neuf.

A CHINON,

Mme PELISSIER ET MM. MEIGNENT ET SERPIN, LIBRAIRES.
Chez les principaux Libraires des Départements.

1847.

LES LOIS

SUR

La Police, la Vente et le Pillage

DES

DENRÉES.

—

Angers, imprimerie de Cornilleau et Maige.

LES LOIS

SUR

LA POLICE, LA VENTE ET LE PILLAGE

DES DENRÉES

*En nature ou préparées, servant à la nourriture
des Hommes,*

EXPLIQUÉES PAR LES MAGISTRATS

Aux Bouchers, Boulangers, Pâtissiers, Traiteurs, Aubergistes,
Confiseurs, Épiciers; aux Producteurs et Marchands de
grains, farines et liquides; aux Éleveurs et Marchands
de bestiaux destinés à la consommation;
aux Communes; aux Officiers de police
judiciaire, et aux Consommateurs,

AVEC DES ANNOTATIONS,

PAR M. P. MINIER,

JUGE-SUPPLÉANT.

Éclairer les esprits, calmer les passions.

———

A PARIS,

CHEZ ALPHONSE DELHOMME, LIBRAIRE,
Rue du Pont de Lodi, 3, près le Pont-Neuf.

A CHINON,
Mᵐᵉ PELISSIER ET MM. MEIGNENT ET SERPIN, LIBRAIRES.

Chez les principaux Libraires des Départements.

———

1847.
1849

A MM. les Membres de la Société Philanthropique et de
Secours Mutuels de la ville de Chinon.

MESSIEURS,

Le livre, dont je viens vous faire hommage, contient sur la
vente des substances alimentaires les lois annotées de notre pays,
c'est à dire du peuple le plus humain et le plus civilisé des
temps modernes.

Votre intelligence pratique comprendra, tout d'abord, leur
libéralité, leur prudence et leur enchaînement.

Quel est le peuple, le gouvernement qui pourrait se passer de
lois sur une telle matière? Aucun. — Ou qui soit doté de lois
préférables aux nôtres? Je ne sache pas qu'il en existe.

Nos lois sur les subsistances réflètent la douceur de nos
mœurs, de notre caractère hospitalier, elles respirent l'amour de
nos semblables, même alors qu'elles punissent.

En vous faisant hommage de ce livre, messieurs, je fais plus
que vous le dédier, je le complète, car j'honore en vous la pa-
tience économe et laborieuse, la fraternité qui vous unit, qualités
précieuses qui détournent l'homme des actions mauvaises, que
les lois que j'ai recueillies ont dû réprimer dans l'intérêt du
salut commun et de la morale universelle.

Permettez-moi de vous dire en terminant combien
je suis avec estime,

Messieurs,

votre très dévoué serviteur,

MINIER.

Chinon, le 23 décembre 1846.

EXPLICATION

DES

RENVOIS ET ABRÉVIATIONS.

(*V. n° 1er*), signifie, voyez, deuxième partie, la loi rapportée sous le n° 1er.

(*V. n° 39, art. 471, n° 15*), signifie, voyez, deuxième partie; l'art. 471, n° 15, rapporté sous le n° 39.

S, signifie, Sirey, ou recueil général des lois et des arrêts fondé par M. Sirey, et continué depuis 1831 par MM. Devilleneuve et Carret. Le premier chiffre, après ce signe, indique le millésime de l'année de publication du volume dans lequel l'arrêt se trouve inséré; le deuxième chiffre, la première ou la deuxième partie de ce volume; le troisième, la page.

INTRODUCTION.

Je vais dire en peu de mots à quelle occasion j'ai fait ce petit volume et comment j'en ai distribué les matériaux, j'exposerai ensuite l'importance des lois qui en font le sujet, et combien le législateur s'est constamment préoccupé de les coordonner et de les compléter. Je terminerai cette courte introduction par rappeler quelques dispositions réglementaires anciennes, qui m'ont paru ou encore obligatoires ou mériter de le devenir de nouveau.

A la fin de novembre et commencement de décembre 1846, le département d'Indre et Loire que j'habite, si paisible pour l'ordinaire, s'est trouvé soudainement et gravement agité. La cherté des grains en a été la cause ou le prétexte. Quoiqu'il en soit, l'administration et l'autorité judiciaire de tous les degrés s'en sont également et douloureusement émues, la force publique elle-même a dû venir au secours des populations inquiétées. Placé en dehors de ce triste et affligeant conflit par ma modeste position, j'ai employé le loisir qu'elle me laissait à étudier la loi si malheureusement méconnue. Mon travail s'est successivement et pour ainsi dire à mon insu agrandi à tel point qu'il embrasse aujourd'hui la législation et la jurisprudence relatives, non seulement au pillage des grains, qui me préoccupait seul d'abord, mais encore à la vente, à l'achat et à la police des subsistances alimentaires en général.

A vrai dire, toutes ces lois se tiennent et sont nées de la même pensée, celle d'assurer à tous une alimentation saine, suffisante et à des prix convenables et modérés.

J'ai donc cru que je ne devais rien rejeter de ces éléments d'un même tout.

Mes matériaux réunis, je les ai divisés en deux parties principales. Dans la première j'ai placé la doctrine des arrêts sur la matière, doctrine que j'ai conservée entière et intacte afin de reproduire fidèlement et rigoureusement la pensée, l'argumentation du magistrat et le point jugé. Dans la seconde partie, j'ai distribué le texte des lois, afin de fournir au lecteur le moyen de s'assurer du bien ou mal jugé et de connaître d'ailleurs la loi toute entière. J'ai classé ensuite la doctrine dans l'ordre alphabétique et les lois dans l'ordre chronologique. J'ai pensé que cette méthode conviendrait aux personnes peu familières avec l'étude des lois et ne déplairait pas à celles qui s'en occupent particulièrement.

Afin d'établir un renvoi facile de la première partie à la seconde, j'ai placé, entre parenthèse, dans la première partie, les chiffres qui renvoient aux numéros que j'ai donnés aux lois formant la deuxième partie ; et comme les chiffres renvoient aussi quelquefois aux arrêts ou à des lois que j'ai cru inutile de rapporter, j'ai donné à mes chiffres de *renvoi* à la deuxième partie, un plus gros caractère qu'aux autres, afin que le lecteur soit averti et ne se méprenne pas.

Cela fait, j'ai cru devoir ajouter à l'occasion quelques annotations explicatives ou d'une utilité usuelle.

A la fin de la deuxième partie, j'ai placé trois tables alphabétiques ; la première indiquant les villes dont la boucherie est réglementée par ordonnance royale, la deuxième, les villes où la boulangerie est également réglementée par ordonnance, et la troisième les mots indicateurs des articles de la première partie.

J'arrive maintenant à exposer l'importance des lois et de la jurisprudence, objet de mon petit livre.

Les aliments proprement dits ont été, dans tous les temps, l'objet de la plus grande sollicitude de la part de l'administration, de la justice, de la police et avant tout du législateur.

Le premier mobile qui a dû réunir les hommes en société, si jamais ils ont vécu dans l'état de nature, dût-être de s'assurer contre la faim. C'est encore l'objet des premières et des plus grandes préoccupations des gouvernements les plus avancés dans la civilisation. De là cette échelle immense de lois et de règlements qui provoquent ou garantissent incessamment et tout à la fois chez nous la production, la préparation des substances alimentaires et leur apport aux moindres centres des populations, leur libre circulation, vente et achat, leur importation, la fidélité dans leur poids et leur débit, et qui défendent jusqu'à la simple exposition en vente de ceux réputés insalubres.

C'est ainsi, qu'outre les lois générales sur le commerce et la liberté de l'industrie, nous avons particulièrement, quant aux comestibles :

1. L'art. 1587 du code civil (*v. n.* 35), qui sauvegarde l'acheteur contre la mauvaise qualité des denrées achetées.

2. L'art. 1657 du même code (*v. n.* 35), qui protége à son tour le vendeur contre l'inexactitude de l'acheteur à retirer les denrées vendues.

3. Les règlements qui obligent les vendeurs à la garantie pendant neuf jours contre la mort des bestiaux, destinés à la consommation (*v. n.* 1 et 2).

4. L'art. 2,101 du code civil (*v. n.* 35), qui accorde un premier privilège général aux fournisseurs de subsistances.

5. Les art. 592, et 593 code de procédure civile, qui déclarent insaisissables, sauf quelques exceptions, les farines et menues denrées nécessaires à la consommation de la famille pendant un mois ; ainsi qu'une

vache, ou trois brebis, ou deux chèvres, au choix du saisi.

6. L'art. 626 du code de procédure civile qui décide que la saisie Brandon ne pourra être faite que dans les six semaines qui précèdent l'époque ordinaire de la maturité des fruits, disposition qui a pour but de ménager les frais, d'obtenir un prix plus élevé des objets saisis et de laisser au débiteur le plus long délai possible de se libérer.

7. Les art. 475, 477, 478 du code pénal (*v. n.* 39), qui punissent d'amende et même d'emprisonnement la vente de boissons falsifiées, la simple exposition des comestibles gâtés, corrompus et nuisibles. et ordonnent, en outre, qu'ils seront répandus ou détruits.

8. Les art. 479, 480 et 482 du même code (*v. n.* 39), qui punissent plus sévèrement encore les boulangers et bouchers qui vendent le pain ou la viande au-delà du prix fixé par la taxe légalement faite et publiée.

9. L'art. 176 du même code (*v. n.* 39), qui punit d'amende, de confiscation, tout commandant des divisions militaires, des départements ou des places et villes, tout préfet ou sous-préfet, qui aura, dans l'étendue des lieux où il a droit d'exercer son autorité, fait ouvertement, ou *par des actes simulés, ou par interposition de personnes,* le commerce de grains, grenailles, farines, substances farineuses, vins ou boissons, autres que ceux provenant de ses propriétés.

10. Les art. 419 et 420 du même code (*v. n.* 39), qui punissent d'amende, d'emprisonnement et de surveillance de la haute police, tous ceux qui, par des faits faux ou calomnieux semés à dessein dans le public, par des sur-offres faites aux prix que demandaient les vendeurs eux-mêmes, par réunion ou coalition entre les principaux détenteurs d'une même denrée, (notamment s'il s'agit de grains, grenailles, farines, substances farineuses, pain, vin, ou toutes autres boissons) tendant à ne la pas vendre ou à ne la vendre qu'à un certain prix, ou qui, par des voies ou moyens frauduleux quelconques, auront opéré la hausse ou la baisse du prix des denrées. *r.* au-dessus ou au-dessous des prix qu'aurait déterminé la concurrence naturelle et libre du commerce.

11. Les art. 440, 441, 442 du même code (*v. n.* 39), qui punissent du *maximum* des travaux forcés *à temps* et d'une amende de 5,000 fr., tout pillage, tout dégât de grains, grenailles ou farines, substances farineuses, pain, vin ou autres boissons, commis en réunions ou bandes et à force ouverte.

12. L'art. 450 du même code (*v. n.* 39), qui punit d'emprisonnement quiconque aura coupé du grain en vert.

13. Les lois des 16 prairial, an III, et 10 vendemiaire, an IV (*v. n.* 9 *et* 11), qui rendent les communes responsables des pillages de grains opérés sur leur territoire.

14. La loi du 21 prairial, an v (*v. n.* 13), qui protége la circulation des grains.

15. Les lois des 6 et 23 messidor, an III (*v. n.* 10), qui prohibent la vente des blés en vert, sous certaines exceptions seulement.

16. Les lois des 25 ventôse, an v, 2 et 18 décembre 1814, et 19 juillet 1819 (*v. n.* 12, 22, 24, 27), qui règlent. paternellement, dans l'intérêt du producteur et du consommateur, l'exportation des grains, etc., etc.

17. Les règlements locaux de police sur la matière, dont la sanction se trouve dans l'art. 471, n. 15, code pénal (*v. n.* 39).

Il y a en outre dans notre ancienne législation, sur la matière, des subsistances, des dispositions qui sont ou encore existantes, ou qu'il est utile de recueillir dans les lois nouvelles ou les règlements municipaux; par exemple l'art. 51 de l'ordonnance du 13 janvier 1350, du roi *Jean,* portant : « quiconque amènera ès dites places et marchés, blés, farines ou autres grains où il y ait emboucheure; c'est à savoir, qui ne soient aussi suffisants et aussi bons *dessous* comme en *la monstre,* il perdra les denrées; et le mesureur qui les mesurera, et ladite malfaçon ne dirait, ou accuserait à l'acheteur, à la garde du marché pour le roi, perdra son office, et payera 60 sols d'amende (1).

---

(1) Je sais bien qu'outre l'article 423, du code pénal, l'article 401 du même code, punit les larcins ou filouteries, ainsi que les tentatives de ces délits; mais l'art. 51 de l'ordonnance

L'article 54 de la même ordonnance, dit encore : « pourceque moul de fois est advenu *souvent*, que ceux qui font moudre bled, ès moulins de Paris et *ailleurs*, ne trouvent pas bien leur compte de la farine, quand le bled est moulu, et s'en sont plusieurs dolus et deulent de jour en jour; est ordonné pour le proffit commun, qu'en certains lieux de ladite ville de Paris sera fait et establi poids, auquel on pesera le bled, quand on le portera au moulin, qui aller et porter le voudra, et à celuy mesme poids sera pesée la farine qui issera dudit bled, afin que si déffaut y a, le musnier rende iceluy déffaut, et seront certaines personnes ordonnées en chascun desdits poids, pour peser et escrire le poids du bled, et de la farine, et recevront pour l'émolument de peser, c'est à savoir (1), etc.

L'art. 55. Les musniers auront et prendront à Paris, pour moudre un septier de bled.... un boisseau raz de bled qu'ils moudront : et s'ils font le contraire, ils l'amenderont, et rendront le dommage à partie (2).

de 1350 va plus nettement et plus précisément à la fraude des vendeurs de grains.

(1) L'ordonnance du 19 septembre 1439, dit : art. 7, « *item*, et seront moulus et delivrez au moulin par les musniers, les grains pesez, *par avant les grains non pesez*; » bonne précaution!

Art. 8, « *item*, et seront tenus les musniers rendre les farines au pareil poids que seront trouvez les grains, excepté deux livres pour le déchet sur le septier; sur peine d'amende arbitraire.

(2) Aujourd'hui que le nouvel établissement des moulins permet aux meuniers de quadrupler leur moulage dans le même espace de temps, c'est trop d'un boisseau raz par septier, c'est à

L'art. 145. Nul boucher ne vendra chair surse-
mée , ne aussi ne gardera chair tuée plus de deux
jours en hyver, et en esté un jour et demi au plus.
Et au cas où il fera le contraire, il l'amendera chacune fois de 20 sols.

L'art. 148. *Nul quel qu'il soit*, ne pourra acheter pour revendre , poulailles, œufs , fromages,
perdrix, conuils (lapins) , agneaux, veaux , sauvagi-
nes , n'autres vivres quelconques en la ville de
Paris, s'il ne les achète ès places publiques ; et
lieux où les marchés sont, et ont accoustumé d'es-
tre , et en plein marché ; et ne les pourront les
poulailliers, ou regratiers acheter pour revendre en la ville de Paris ; si ce n'est d'après l'heure
de *midy sonnée* à Nostre-Dame de Paris, et seront
tenus *toutes manières de gens* et marchans appor-

dire par douze boisseaux, surtout quand le blé est cher, et cependant il paraît que les meuniers se permettent quelquefois de
prendre davantage...

Nos anciennes ordonnances autorisaient les particuliers à payer
une certaine somme à la place du 12e boisseau (art. 55, ord. de
1350 et 5 de l'ord. de 1439), ce qui leur laissait toujours l'a-
vantage que le blé fut cher ou à bon marché. Pourquoi le législateur de nos jours ne s'approprierait-il pas, en les conciliant avec
l'équité, ces anciennes ordonnances? Le motif qui a déterminé le
législateur à autoriser la taxe du pain et de la viande (*v. n.* 7, *art.*
39), semble d'ailleurs applicable au moulage des grains, car dans
l'un et l'autre cas il s'agit un peu plus, un peu moins directement
du salaire de la fabrication du pain, du salaire de la transformation
du blé en pain. — Tout ce qu'on peut dire en effet , c'est que la
fabrication, la transformation se fait à deux fois, à deux degrés.

Il y a au surplus contre les meuniers une raison particulière
de les assujettir à la taxe ; je la tire surtout du privilège qui leur
est accordé de posséder des usines sur les cours d'eau naturels.

ter leurs denrées quelconques, *sans descharger*, n'aller aux marchands, ne regratiers aucuns, se ce n'est ès places et marchez publics et accoustumez, afin que chascun s'enpuisse garnir, et en avoir pour en vivre dedans ladite heure et avant que les marchands les acheptent pour revendre, *sous peine de perdre et forfaire les denrées*, et punis de peine et d'amende... (1).

L'art. 150. Au cas qu'aucun marchand de poulailles, d'œufs et de fromages, s'arresterait depuis qu'il serait parti de sa maison, ou du lieu, où il aurait prins les denrées, par faveur desdits regratiers en attendant que ladite heure fust passée, *il perdrait les denrées*, et l'amenderait.

L'art. 12 de l'ordonnance du 19 septembre 1439, *de Charles VII*, porte : *item.* et que doresnavant sera fait pain faitis, *cuit et bien essuyé*, de demie livre, d'une livre et de deux livres, *lequel poids demeurera toujours ferme et stable, à quelque prix que le bled soit..*

L'art. 13, *item.*, au regard du pain blanc, quand permis sera aux boulangiers de le faire, sera fait et establi de certain *poids ferme et stable*, qui ne sera changé ne mué à quelque prix que le blé soit; c'est à savoir, pain blanc *de la blancheur du pain de chailly.... bien cuit, froid et essuyé.......*

L'art. 15, *item.* Tous lesdits boulangiers et chascun

(1) Pareilles dispositions à l'égard des boulangers, blatiers, regratiers de grains, vendeurs de farines, art. 18 et 19 de l'ordonnance du 19 septembre 1439. Nos réglements municipaux sont rarement aussi précis et aussi complets.

d'eux seront tenus d'avoir à leurs fenestres, balances et poids pour peser ledit pain, sur peine
d'amende arbitraire.

L'art. 1er de la déclaration du roi du 13 juin
1777, porte que les vaisseaux de *cuivre* dont les
laitières et autres personnes vendant du lait, font
usage pour leur commerce, et les balances aussi
de cuivre dont se servent les regratiers de sel, et les
débitants de tabac, seront et demeureront suppri-
mées.

L'arrêt du parlement de Paris, du 12 janvier
1779, fait défenses aux bouchers de Paris *et à ceux
de la campagne*, d'acheter dans le marché.... au-
cunes vaches laitières au dessous de l'âge de huit ans,
ni des veaux au-dessus de l'âge de dix semaines, pour
les tuer... auxdits bouchers et à tous *particuliers* de
tuer des veaux *au-dessous de l'âge de trois semaines*,
(1) et à tous cabaretiers et aubergistes...de vendre
et débiter en aucun temps, de la viande de veau
mort-né.

L'ordonnance de police du 18 mai 1782, fait
très expresses inhibitions et défenses d'exposer ni
vendre aucuns mousserons, morilles et autres espèces de champignons d'une qualité suspecte, *ou qui,
étant de bonne qualité, auraient été gardés d'un
jour à l'autre.*

(1) Autre arrêt conforme du parlement du 29 décembre 1783.

Mais les emprunts à des temps et à une législation qui ont fui loin de nous, ne doivent être faits
par le juge et l'administration elle-même, qu'avec
une grande réserve et après un sérieux examen.

PREMIÈRE PARTIE.

DICTIONNAIRE

DE LA

Jurisprudence des Cours du Royaume

SUR LES DENRÉES

*En nature ou préparées, servant à la nourriture
des Hommes.*

A.

ABATTAGE. — La disposition d'un règlement
municipal qui décide que les bouchers devront
tuer leurs bœufs, vaches, veaux et moutons dans
l'intérieur de leurs maisons, et qu'ils seront tenus
d'avoir leur porte fermée au moment de l'abattage,
est légale et obligatoire, sous peine d'amende (*v.
n.* 39, *art.* 471, *n.* 15), attendu qu'elle tend à prévenir les accidents que pourraient causer dans les
rues les bestiaux échappés des tueries, et qu'elle
se rattache ainsi évidemment au paragraphe 1er de
l'art. 3, titre 11, de la loi du 24 août 1790
(*v. n.* 5.)

5 juin 1823, cour de cassation. S. 23—1—358.

ACHAT DE VIANDE HORS DE LA COMMUNE
PAR LES HABITANTS. — Le n. 4 de l'art. 3,
titre 11 de la loi du 24 août 1790 (*v. n.* 5), ne

charge l'autorité municipale, en matière de comestibles, que de veiller à la salubrité de ceux qui sont exposés en vente; cette disposition ne lui confère point, dès-lors, le pouvoir d'interdire, soit directement, soit indirectement, aux habitants de la commune de s'approvisionner ailleurs de la viande dont ils ont besoin pour leur subsistance personnelle. Le règlement qui prononcerait cette interdiction ne pourrait donc être obligatoire que pour ceux qui exposent en vente, des viandes, dans la commune (*v. n.* 39, *art.* 475, *n.* 15).

11 août 1842, cour de cassation.—S. 43—1—160.

Que pour ceux qui exposent en vente. — Pourquoi cela? apparemment parce que la loi de police doit protéger le consommateur contre le marchand, mais non l'entraver dans sa liberté personnelle, lui consommateur (*v. marchands forains, Halles*).

Cependant la liberté des consommateurs doit avoir des bornes quand elle devient domageable, et nuit aux droits des autres consommateurs, aussi *voyez v. marché*, et l'article 148 de l'ordonnance du 30 janvier 1350 rapporté dans l'introduction.

APPROVISIONNEMENT. — 1. S'il résulte des faits qu'un boulanger se trouve n'avoir pas l'approvisionnement prescrit de farine, il y a contravention de police (*v. n.* 28, 39, *art.* 471, *n.* 15, *et le tableau, n.* 42). Si le décret qui prescrit l'approvisionnement a réservé exclusivement à l'administration le droit de le réprimer (*v. n.* 28, *art.* 12), il ne s'ensuit point que le tribunal de police ait été irrévocablement dépouillé de sa compétence; il se trouve compétent pour en connaître légalement, par cela seul que l'administration aurait déclaré ne vouloir plus user du pouvoir exceptionnel dont elle avait été investie. — Dans ce cas le juge de simple police ne peut renvoyer le prévenu devant le maire sans violer expressément les art. 137 et 138, code d'instruction criminelle (*v. n.* 38, et l'art. 471, n. 15, code pénal *v. n.* 39).

4 août 1837, cour de cassation.—S. 38 — 1 — 220.

Dans ce cas. — Même alors que le maire userait du pouvoir exceptionnel, il me semble que le juge de police devrait encore appliquer l'art. 471, n. 15, par la raison qu'autre chose est la répression administrative, autre chose la répression judiciaire.—Les deux pouvoirs sont indépendants et les répressions différentes, quoi qu'apliquables au même fait. *V. la note ci-après.*

=2. S'il s'agit d'une contravention à une ordonnance royale, qui fixe l'approvisionnement auquel les boulangers d'une commune sont obligés, le maire est compétent pour user du droit que cette ordonnance confère pour assurer son exécution, (*v n,* 28 *et* 42) et, par droit de conséquence, le tribunal de simplepolice est incompétent quant à ce.

10 septembre 1840, cour de cassation. — S. 41 — 1 — 649.

Quant à ce. — Ce n'est pas à dire qu'il soit incompétent quant à l'application de l'art. 471, n. 15. *Voyez la note ci-dessus.*

BONNE FOI. — 1. Les prohibitions faites par la loi d'exposer en vente des denrées gâtées ou corrompues (*v. n.* 39, *art.* 475, *n.* 14, 477, *n.* 4, 478), est fondée *sur la mauvaise qualité* des comestibles, et, conséquemment, la bonne ou mauvaise foi de ceux qui les exposent en vente ne peut point les excuser, n'étant pas permis de faire des distinctions où la loi n'en fait point.

Les comestibles gâtés, corrompus ou nuisibles,

sont également frappés de prohibitions ; le concours des trois qualités, savoir : gâtés, corrompus, nuisibles, n'est point nécessaire, une seule suffit pour l'application de la peine.

2 juin 1810, cour de cassation. — S. 11 — 1 — 216.

Ne peut pas les excuser. — Si en police, la bonne foi pouvait excuser, il faudrait renoncer à la faire, c'est à dire renoncer à la salubrité et à tous les autres intérêts généraux analogues. *V. ci-après, v. excuse.*

== 2. Un boulanger chez lequel a été trouvé un pain qui devait être du poids de six kilogrammes, d'après le règlement municipal, et qui néanmoins ne pesait que cinq kilogrammes et demi, ne doit pas être renvoyé de la poursuite exercée contre lui à ce sujet, par le motif qu'un fait de cette nature ne pourrait être réputé contravention audit règlement qu'autant qu'il y aurait, de sa part, habitude de ce genre de fraude, et qu'il serait établi que son intention aurait été de tromper le public. — Si le tribunal absolvait le boulanger, par ces considérations, il violerait non seulement l'art. 161 du code d'instruction criminelle (*v. n.* 38), mais encore l'art. 65 du code pénal (*v. n.* 39); il ferait d'ailleurs une fausse application de l'art. 159 du premier code cité (*v. n.* 38).

30 juillet 1831, cour de cassation. — S. 31 — 1 — 399.

Habitude de ce genre de fraude. — Si pour réprimer une infraction semblable il fallait prouver *l'habitude*, les boulangers auraient beau jeu, car de combien de faits se constituerait l'habitude ? combien faudrait-il de procès verbaux pour la constater ? une fois la jurisprudence fixée à cet égard, les boulangers se tiendraient pour dûment avertis, et frauderaient

légalement les consommateurs, ce qui ne laisserait
pas que d'être curieux.

CESSION DE BIENS. — Il est vrai que par
l'ancienne jurisprudence, les bouchers n'étaient pas
admis au bénéfice de cession.

Mais cette jurisprudence a cessé depuis que les
nouvelles lois ont établi et fixé le principe sur cette
matière.

L'art. 1,270 du code Napoléon (*v. n.*35), a établi
que « les créanciers ne peuvent refuser la cession
» judiciaire, si ce n'est dans les cas exceptés par les
» lois. »

Exceptions qui avaient d'abord été renvoyées au
code de commerce, et ont été ensuite placées dans
le code de procédure civile, parce que, suivant les
expressions de M. Berlier, conseiller d'état, orateur
du gouvernement au corps législatif, lors de la pré-
sentation de ladite loi : « Comme la cession des
» biens est un bénifice de droit commun introduit en
» faveur du débiteur malheureux, marchand ou
» non, la procédure qui y est relative trouvait
» naturellement sa place dans la loi générale. »

L'art. 905 du code de procédure (*v. n.* 36)
porte « ne pourront être admis au bénéfice de ces-
» sion les étrangers, les stellionnataires, les ban-
» queroutiers frauduleux, les personnes condamnées
» pour cause de vol ou d'escroquerie, ni les per-
» sonnes comptables, tuteurs, administrateurs et
» dépositaires. »

Cet article renferme donc les seules exceptions
que la loi admet aujourd'hui, tant en matière civile
qu'en matière de commerce, et on peut d'autant
moins en douter, que le gouvernement, en propo-
sant cet article au corps législatif, a ajouté que :
» dans le vague des dispositions du titre de l'or-
» donnance de 1673, par la matière des cessions,
» et surtout par le silence qu'elles gardent sur les
» causes personnelles d'inadmissibilité, autres que

» la qualité d'étranger, l'on a vu les statuts parti-
» culiers et les arrêts régir diversement cette
» matière; tant de diversités vont cesser enfin, et
» la loi seule posera les exceptions, en les restrei-
» gnant aux termes indiqués par les besoins de la
» société. »

Ce serait faire une fausse application de l'art.
906, code de procédure (*v. n. 36*), que de croire
y trouver que les usages du commerce sur l'inadmissibilité à la cession des biens, sont, quant à
présent maintenus, tandis que cet article n'a été
proposé par le gouvernement que pour se réserver
d'examiner si, quand le débiteur serait commerçant,
il y aurait lieu d'admettre sur la compétence de
l'action une exception en faveur des tribunaux de
commerce.

Tel est le but de l'article, a dit un orateur, et
ainsi il n'est pas permis de lui donner un autre
sens.

Cet art. 906 étant indépendant de l'art. 905, il
résulte que les exceptions de l'art. 905 se lient à
l'art. 1270 du code Napoléon, et que les deux dispositions n'en forment qu'une; ainsi les bouchers
et les revendeurs en détail n'étant plus exclus,
à raison de leur profession, du bénéfice de la cession de biens, les bouchers sont recevables malgré
leur profession, à y être admis.

13 avril 1807, cour d'Aix. — S. — 2 — 93.

Malgré leur profession. — Notre législation
est plus indulgente, en général, que celle de nos pères;
peut-être aussi les bouchers sont-ils plus exposés aujourd'hui à des pertes, qu'alors que le riche seul
allait ou envoyait à la boucherie. Autre temps, autres
lois.

COALITION. — 1. La convention par laquelle
des boulangers se seraient respectivement engagés

à ne fournir qu'une quantité déterminée de pain, par chaque décalitre de blé qui leur serait livré par leurs pratiques, en échange de pain, ou pour être changé contre du pain, présente la coalition que l'art. 419, code pénal (*v. n. 39*), prévoit; mais s'il n'est point prouvé qu'elle ait opéré la hausse ni la baisse du prix de cette denrée ou marchandise, il y a lieu de déclarer que ce fait ne constitue point le délit puni par la loi.

29 mai 1840, cour de cassation. —S. 40 — 1 — 831.

Qu'elle ait opéré la hausse ni la baisse. — Si l'on devait punir tous ceux qui *tentent* d'opérer la hausse ou la baisse, le nombre en serait grand. — La punition, dans le cas de simple tentative, se trouve dans la réprobation publique. *V. v. hausse des grains.*

═2. En droit, l'autorité municipale, quand elle exerce le pouvoir que l'art. 30, titre 1er de la loi des 19-22 juillet 1791 (*v. n. 7*), lui attribue de taxer la viande de boucherie, ne fait que régler et fixer légalement sa valeur, suivant l'usage, d'après les prix déterminés par la libre et naturelle concurrence du commerce dans les foires et marchés, où les bestiaux qui la fournissent sont achetés. Cette taxe devient obligatoire dès l'instant de sa publication, car elle est d'ordre public, jusqu'à ce que les variations survenues dans les prix des bestiaux en aient produit une nouvelle, ou que les bouchers qui prétendraient qu'elle leur porte préjudice, l'aient fait réformer par l'administration supérieure. Si donc des bouchers conviennent et arrêtent de cesser d'approvisionner la commune de viande de boucherie, et, pour assurer l'exécution de cette convention, déposent, chacun en particulier, une somme, entre les mains de l'un d'eux, laquelle doit être perdue pour celui qui abattra des bœufs ou égorgera des moutons avant la hausse du prix de la viande, et discontinuent d'abattre des bestiaux pendant un temps, laissent leurs étaux dégarnis pendant ce temps, répondant au commissaire de police que la taxe est au-dessous du prix auquel ils achètent, qu'ils sont trop en perte pour continuer à tuer, et qu'ils n'abattront point tant que le prix de la viande ne sera pas plus élevé. — Ces faits constituent le délit que l'article 419, code pénal (*v. n.* 39), prévoit et punit, puisqu'en effet leur réunion ou coalition, a pour objet d'opérer la hausse de la marchandise ou denrée dont ils sont les principaux détenteurs, et qu'ils ont cessé entièrement d'approvisionner leurs étaux tant que la taxe à laquelle ils devaient se conformer n'a pas été augmentée à leur profit, et, par conséquent, au détriment des consommateurs.

3 juillet 1841, cour de cassation.'— S. 41 — 1 — 702.

Qu'ils ont cessé entièrement d'approvisionner leurs étaux. — C'est là opérer plus que la hausse ; or, le plus contient le *moins*.

COMMERÇANTS. — Le code de commerce, ainsi que les lois précédentes, ont établi et constamment maintenu une distinction essentielle entre la classe des artisans, tels que les *boulangers* et autres, faisant, sous certains rapports, une espèce de négoce, et celle de *commerçants* proprement dits; ils doivent donc être considérés comme non commerçants (*v. n.* 37, *art.* 1er).

28 février 1811, cour de cassation. — S. 11 — 1 — 234.

Ils doivent donc être considérés comme non commerçants. — Cette décision solitaire et ancienne me paraît contestable, en général du moins. *V. n.* 37, *art.* 1er, *et v. prescription ci-après.*

COMPÉTENCE. — **1.** *Police des grains.* Les tribunaux correctionnels connaissent des délits relatifs à la police des grains. Lois des 26 ventôse (*v. n.* 12) et 21 prairial an v (*v. n.* 13),arrêtés des 17 prairial an VII (*v. n.* 15), et 28 germinal an VIII (*v. n.* 16), loi du 2 décembre 1814 (*v. n.* 22), et ordonnance du 18 décembre 1814 (*v. n.* 24). — S. 17— 2 — 274.

Relatifs à la police des grains. — C'est à dire à la libre circulation et à l'exportation des grains.

=== **2.** *Comestibles gâtés.* Les tribunaux de police sont chargés par les codes d'instruction criminelle et pénal (*v.* 38, *art.* 138, 139 *v.* 39, *art.* 475, *n.* 14, 477, *n,* 4) de réprimer les contraventions résultant de l'exposition en vente de comestibles gâtés, corrompus ou nuisibles ; si l'autorité administrative est chargée, d'après la loi des 16 — 24 août 1790 (*v. n.* 5), de prendre à l'égard des comestibles exposés en vente toutes les mesures propres à prévenir les préjudices qu'ils pourraient causer à la santé publique, l'exercice de ce droit est indépendant de celui qui appartient au juge appelé à réprimer une contravention, de vérifier et d'apprécier les faits constitutifs de ladite contravention.

11 juillet 1845. Ordonnance en conseil d'état, — S. 46 -- 2 — 45.

L'exercice de ce droit. — Par exemple, d'ordonner et de faire opérer l'enfouissement ou l'anéantissement des comestibles nuisibles. Cette destruction *préserve la société;*elle est donc dans le droit et le devoir de l'administration.—L'amende au contraire procure à la société la réparation du *fait d'exposi-*

tion qui a menacé la salubrité publique, elle est donc dans le droit et le devoir de la justice.

CONFISCATION. 1. Aux termes des art. 4, 464 et 470 code pénal. (*v. n.* 39), La confiscation est une peine de simple police qui ne peut être infligée que lorsqu'elle est formellement prononcée par la loi; l'art. 38 de la loi du 1er brumaire an VII (*v. n.* 14) n'autorise point une telle mesure à l'égard de viande reconnue non nuisible à la santé, bien que son introduction chez le prévenu n'aurait pas été préalablement déclarée aux termes d'un règlement de police. Aucune disposition législative ne confère au tribunal le droit d'ordonner, dans ce cas, la confiscation.

21 décembre 1832, cour de cassation, S. 33 — 1 — 777.

Aucune disposition législative ne confère au tribunal le droit d'ordonner la confiscation. — La confiscation est peu en faveur par le temps où nous vivons, et à vrai dire son entrainement est redoutable. — Il n'est d'ailleurs jamais permis d'ajouter à la loi pénale.

= 2. Aux termes de l'art. 470, code pénal (*v. n.* 39), les tribunaux de police ne peuvent, que dans les cas déterminés par la loi, prononcer la confiscation, soit des choses saisies en contravention, soit des choses produites par la contravention, soit des matières ou des instruments qui ont servi ou étaient destinés à la commettre; l'article 487 (*v. n.* 39) du même code, ne prescrit nullement l'application de cette peine contre les boulangers, qui vendent le pain au-dessous du poids fixé par le règlement de police.

31 janvier 1833, cour de cassation. — S. 33 — 1 — 777.

CONTRIBUTION. — La loi du 24 août 1790 (*v. n. 5*), autorise bien les corps municipaux à faire des règlements pour les objets qu'elle détermine, et notamment pour le délit et la salubrité des comestibles exposés en vente publique ; mais aucune loi ne leur permet d'établir des taxes ou contributions pour l'exécution de ces règlements ; au contraire, l'art. 32 de la loi du 28 avril 1816 (*v. n.* 26), maintenu par les lois postérieures, interdit formellement toutes contributions directes ou indirectes, et sous quelques dénominations que ce soit, autres que celles autorisées par cette loi.

22 février 1825, cour de cassation. — S. 25 — 1 – 341.

Autres que celles autorisées par cette loi. — C'est déjà bien assez comme cela, et pourtant qui voudrait revenir aux droits seigneuriaux que les auteurs les plus circonspects du temps déclaraient *humiliants, ridicules, indécents, odieux ?* à la capitation, à la taille, aux vingtièmes qui avaient fini par dégénérer en cinquièmes ? Personne, pas même ceux qui en profitaient ou en étaient exempts. L'impôt, aujourd'hui, est au moins un fardeau proportionnel pour tous, et l'amélioration du bien être matériel et progressif de chacun, est un résultat aussi incontestable de la nouvelle base de l'impôt, que l'est la splendeur actuelle du domaine public comparée à ce qu'il était autrefois.

CONVENTION ILLICITE. — La taxe du pain intéresse au plus haut degré l'ordre public ; il n'est donc pas permis aux boulangers et aux consommateurs d'y déroger par des stipulations particulières ; toutes les conventions arrêtées entre eux dans ce but sont de plein droit nulles et de nul effet, puisque la loi les déclare illicites ; à plus forte raison, elles ne peuvent point dispenser les boulangers de se conformer à la taxe légalement faite et publiée, ni constituer une excuse en leur faveur lorsqu'ils y ont contrevenu ; d'où il suit qu'en décidant le contraire, un jugement commet une violation expresse des articles 6, 1,131, 1,133, code civil (*v. n.* 35), 479, *n.* 6, code pénal (*v. n.* 39) et 161, code d'instruction criminelle (*v. n.* 38).

23 août 1839, cour de cassation. — S. 39 — 1 — 870.

Elles ne peuvent point dispenser les boulangers de se conformer à la taxe. — Le malheureux ne peut pas toujours payer comptant son boulanger ; il ne fallait donc pas les tenter l'un et l'autre en validant des conventions arrachées au désespoir par la cupidité.

DEGUSTATION. — **1.** La règle tracée dans l'art. 1,587 code civil (*v. n.* 35), n'intéresse pas l'ordre public, et il est permis d'y déroger par des conventions particulières.

Quand il a été bien entendu entre les parties que la vente est parfaite dès le jour du traité ; la seule condition qui reste à accomplir est la bonne fabrication des denrées et les soins de leur entretien de la part des vendeurs.

29 mars 1836, cour de cassation. — S. 36 — 1 — 566.

═ **2.** Aux termes de l'art. 1,585 code civil (*v. n.* 35), lorsque des marchandises ne sont point vendues en bloc, mais au poids, au compte ou à la mesure, la vente n'est pas parfaite, en ce sens que les choses vendues sont aux risques du vendeur jusqu'à ce qu'elles soient pesées, comptées ou mesurées.

Aux termes de l'art. 1,587 (*v. n.* 35), à l'égard du vin, de l'huile et des autres choses que l'on est dans l'usage de goûter avant d'en faire l'achat, il n'y a point de vente tant que l'acheteur ne les a point goûtées et agréées. Si donc le vendeur, avant d'avoir pris la précaution de faire goûter et agréer le vin par l'acheteur, ou par quelqu'un pour ce dernier, a, de ses magasins, expédié à l'acheteur, à Nîmes, par exemple, le vendeur expéditeur, dans ce cas, s'est exposé à ce qu'il restât à ses risques jusqu'à Nîmes, ou la délivrance était subordonnée pour que la marchandise y fut goûtée et agréée, et non ailleurs, même en matière de commerce.

8 mars 1837, cour royale de Limoges.— S. 38— 2 —474.

═ 3. Si la marchandise vendue consiste en liquides, aux termes de l'art. 1,587 code civil (*v. n.* 35), il n'y a pas de vente tant que l'acheteur ne les a pas goûtées et agrées.

15 mars 1838, cour royale de Limoges.— S. 38 — 2 — 474.

Il n'y a pas de vente. — Sauf convention contraire, *voyez les numéros précédents* 1 *et* 2 *et celui qui suit.*

═ 4. Quand il résulte des faits qu'il n'existe aucune convention, aucun usage, qui ait dérogé au texte littéral et formel de l'art. 1,587, code civil (*v. n.* 35), il suit de là qu'il y a lieu à appliquer cet article.

5 décembre 1842, cour de cassation. —S.43 — 1 — 89.

ÉCHANTILLON. *Vice caché.* — Si la chose vendue, l'a été sur échantillon, l'acheteur a pu faire essayer cet échantillon et se renseigner ainsi avant la vente sur la qualité de la marchandise.

S'il n'existe pas d'ailleurs de vice caché dans le sens de l'art. 1641, code civil (*v. n.* 35), cet article n'est pas applicable.

Un déchet sur le rendement ne constitue pas un vice affectant toute la marchandise; il n'y a là qu'une diminution dans le produit espéré. L'acheteur pouvait prévoir cette diminution, en faisant faire un essai sur l'échantillon.

25 juillet 1843, cour royale de Bordeaux. — S. 44 — 2 — 254.

S'il n'existait pas d'ailleurs de vice caché. — Le vice caché cause l'erreur, et l'erreur vicie le contrat ou oblige à la garantie.

EMBARRAS DE LA VOIE PUBLIQUE. — Les boulangers qui ont devant leurs boutiques des tables ou bancs, qui gênent la voie publique, ne peuvent se fonder sur la possession immémoriale, d'étaler leurs pains en vente sur ces tables ou bancs placés en dehors de leurs boutiques, pour continuer cette jouissance contraire à la loi (*v. n.* 39 , *art.* 471 n. 4).

4 octobre 1823 , cour de cassation. — S. 24 — 1 — 150.

La possession immémoriale. — Il n'y a point de possession immémoriale contre la police qui nous sauvegarde. Il n'y en a pas d'avantage à l'égard de la voie publique, qui est imprescriptible dans ses moindres parties comme dans sa totalité.

ENFOUISSEMENT DE COMESTIBLES GATÉS. — Dès que l'état de corruption de comestibles saisis est constaté, non seulement par le commissaire de police, mais encore par les gens de l'art, l'enfouissement de ces comestibles peut être ordonné par mesure de police avant le jugement, sans prendre les ordres du maire, surtout si aucune réclamation n'a été élevée par le prévenu (*v. n. 39, art.* 408, 413 et 475 n. 14).

14 décembre 1832, cour de cassation. — S. 33 — 1 — 368.

Sans prendre les ordres du maire. — Ces ordres sont, dans ce cas, sous-entendus; mais si les comestibles ainsi enfouis sans l'ordre du maire n'étaient pas corrompus, la responsabilité peserait sur l'agent, coupable de l'enfouissement. autre chose est un zèle louable, autre chose, l'imprudence et l'étourderie.

ESPÈCES DE VIANDES. (*désignation des*)

—1. L'art. 30 du titre 1er de la loi des 19, 22 juillet 1791 (*v. n.* 7), autorise l'autorité municipale à taxer la viande de boucherie ; le droit accordé à l'autorité municipale par cet article, implique virtuellement celui de désigner les animaux que les bouchers doivent offrir à la consommation publique, suivant l'usage local; l'arrêté d'un maire qui veut que les bouchers de sa commune aient leurs étaux fournis de viande de *bœuf*, selon les désirs du consommateur, est donc légal et obligatoire (*v. n.* 39, *art.* 471 *n.* 15).

11 septembre, 1840 cour de cassation. — S. 40 — 1 — 981.

Implique virtuellement. — La taxe doit être corelative à l'objet taxé, et pour qu'elle soit corelative, il faut bien que le boucher soit tenu de livrer l'objet même soumis à la taxe, autrement il échapperait facilement à cette taxe.

Selon les désirs du consommateur. — La nature et l'espèce des comestibles en usag , exerçant une influence grave sur la santé des citoyens, leur commerce sort de la règle commune, et partant les industriels qui l'exercent, peuvent, dans un intérêt d'ordre public, être soumis à des conditions exhorbitantes et exceptionnelles.

=== 2. La liberté des métiers et professions, n'a été reconnue par la loi du 17 mars 1791 (*v. n.* 6), qu'à la charge des règlements de police qui étaient ou seraient légalement établis.

La fidélité du débit et la salubrité des comestibles exposés en vente publique, ont été désignés par la loi du 24 août 1790 (*v. n.* 5), au nombre des objets de police confiés à la vigilance et à l'autorité des corps municipaux ; et par conséquent, ils se trouvent compris parmi les objets sur lesquels l'art. 46, titre 1er de la loi du 22 juillet 1791 (*v. n.* 7), et l'art. 11 de la loi du 18 juillet 1837 (*v. n.* 32), autorisent les maires à prendre des arrêtés et à ordonner des précautions locales.

L'art. 30 du titre 1er de la loi du 22 juillet 1791, autorise les municipalités à taxer la viande de boucherie.

Il suit de ces dispositions que l'autorité municipale a le droit d'assujétir à des règlements spéciaux la profession de boucher, dont l'exercice intéresse au plus haut degré la santé et la sécurité publiques ; elle a le droit et le devoir de veiller à ce que les bouchers soient constamment approvisionnés en qualités et quantités suffisantes, pour satisfaire aux besoins journaliers de la consommation, suivant des prix dont la taxe n'est déterminée qu'eu égard à la diversité des viandes qu'ils sont tenus d'exposer en vente ; la fidélité dans le débit, conformément à la taxe, ainsi que la salubrité des viandes exposées en vente, ne peuvent se trouver assurées de manière à garantir complètement les besoins de la consommation publique, qu'à l'aide des précautions locales jugées nécessaires pour faire jouir le public de l'approvisionnement salubre, et du débit taxé et fidèle auxquels il a droit.

Si donc un maire prend un arrêté portant que : « chaque boucher sera tenu d'avoir son étal four- » ni de viandes de bœuf, mouton, brebis et » agneaux, selon le désir des consommateurs, sous » peine d'être poursuivi devant le tribunal de sim- » ple police; » cette disposition ordonnée par l'autorité municipale dans les limites de ses attributions, est obligatoire pour les tribunaux (*v. n.* 39, *art.* 471, *n.* 15), et le droit de la reformer, s'il y a lieu, n'appartiendrait qu'à l'autorité administrative et non aux tribunaux chargés seulement d'en assurer l'exécution.

17 mars 1841, cour de cassation. — S. 41 — 1 — 200.

ÉTAL. — Les bouchers qui ne donnent pas à leurs étaux les dimensions prescrites par les règlements municipaux, sont en contravention ; le devoir des tribunaux de police est de les réprimer (*v. n.* 3, 5, 7 *et* 39, *art.* 471, *n.* 15).

24 juin 1831, cour de cassation. — S. 31 — 1 — 398.

Les dimensions prescrites. — Pourquoi prescrire ces dimensions ? Parce qu'elles contribuent à la salubrité de l'air et d'abord de l'étal, et partant à la conservation de la viande, ce qui intéresse sans doute le boucher, mais n'intéresse pas moins le consommateur, surtout s'il est pauvre, car il y a risque que les viandes viciées, s'il y en a, lui soient vendues de préférence.

EXCUSE. — 1. Un boulanger chez lequel il est

trouvé du pain qui n'est pas de poids, est en faute, et il est du devoir du tribunal de le réprimer (*v. n.* 5, 7 *et* 39, *art.* 471, *n.* 15). Il ne peut être renvoyé de la poursuite par le motif que le pain dont-il s'agit aurait été fait pour une de ses pratiques, qui le lui aurait commandé ; que ce pain serait le seul, parmi un nombre assez considérable, qui n'aurait pas le poids prescrit et que l'intention du boulanger n'aurait pas d'ailleurs été de tromper les habitants.

24 mai 1832, cour de cassation. — S. 32 — 1 — 617.

V. ci-devant Bonne Foi.

== 2. Le tribunal de police qui reconnaît qu'un boulanger a exposé en vente des pains qui n'avaient pas le poids fixé par le règlement municipal, ne peut pas refuser de lui appliquer les dispositions de l'art. 471, n. 15, code pénal (*v. n.* 39), par le motif qu'il se serait écoulé un certain temps depuis la cuisson du pain, car ce serait créer une exception au règlement, commettre un excès de pouvoir, et violer ledit article 471, n. 15.

6 juin 1835, cour de cassation. — S. 35 — 1 — 871.

FORAINS (*marchands*). — *Livraison à domicile.* Les ordonnances n'admettent les bouchers forains à exercer leur commerce dans la ville de Paris que *sur les marchés publics* (*v. Ord.* 25 *mars* 1830) ; ils ne peuvent donc sans y contrevenir formellement, porter et livrer de la viande à domicile, lors même que le consommateur l'aurait réellement achetée dans leur étal hors Paris, puisque la livraison ainsi effectuée, constitue la vente que ladite ordonnance n'a voulu permettre que dans les lieux qui s'y trouvent désignés.

26 mai 1843, cour de cassation. S. 43 — 1 — 808.

Dans la ville de Paris. — Il en est ainsi dans les autres villes réglementées (*v. n.* 29 *et* 41); pourquoi cette distinction entre les bo chers de la ville et les bouchers forains? Parce que le domicile des premiers étant connu, leur état réglementé et leur surveillance facile, il y a peu d'inconvénients à leur laisser une liberté qui peut tourner à l'avantage et à la commodité du consommateur, ce qui n'existe pas à l'égard des forains, auxquels d'ailleurs la police municipale doit moins de ménagements qu'aux premiers, *v. achat de viande, halles, marché.*

GRAINS EN VERT (*vente des*) — 1. Les dispositions de la loi du 6 messidor an III (*v. n.* 10), concernant la vente des grains en vert, ainsi que les ordonnances antérieures sur cette matière, ont été modifiées par la loi du 23 du même mois (*v. n.* 10); la prohibition a cessé toutes les fois que, dans la vente des grains en vert, se trouvent comprises des récoltes d'une autre nature.

D'ailleurs, les lois et ordonnances relatives à la prohibition de la vente des grains en vert, ont été abrogées, soit par les dispositions du code civil, qui ne renferme aucune prohibition de cette espèce, soit par le code pénal, qui ne qualifie pas ce délit et ne prononce conséquemment aucune peine.

2 août 1830, cour royale d'Agen. — S. 32 — 1 — 126.

Ont été abrogées. — C'est heureusement une erreur, *v. les arrêts qui suivent.*

== 2. Les lois des 6 et 23 messidor an III (*v. n.* 10), qui prohibent de la manière la plus absolue la vente des grains en vert pendants par racines, excepté dans certains cas spécifiés par la dernière de ces lois, sont toujours en vigueur; la vente de récolte de blé qui aurait lieu vers la fin de juin, à une époque où elle serait encore loin de sa maturité et qui ne serait d'ailleurs consentie dans aucun des cas d'exception portés par le législateur, serait donc nulle aux termes desdites lois, dont la prohibition peut d'autant moins être éludée, qu'elle se rattache à un objet d'ordre public et d'intérêt général, le *non accaparement des grains;* en même temps qu'elle obvie aux fraudes qu'auraient continué de pratiquer les débiteurs, pour soustraire leurs levées à l'action des créanciers; les dispositions du code de procédure civile sur la saisie Brandon, se trouvent en harmonie avec les lois de l'an III, en ce sens que, dans les six semaines qui précèdent l'époque ordinaire de la maturité des fruits, les créanciers sont admis à les saisir, et que si, durant le même intervalle, il était loisible de les vendre, ils seraient sans cesse exposés à être privés de ce droit; en effet, comme le remarque un auteur judicieux, si la saisie venait à être faite plus de six semaines avant la récolte, on reprocherait au créancier de l'avoir faite trop tôt, et s'il attendait davantage, on lui opposerait une vente déjà faite.

26 novembre 1833, tribunal d'Alençon. — S. 35 — 2 — 430.

== 3. Le décret du 6 messidor an III (*v. n.* 10), prohibe d'une manière absolue toutes les ventes de grains en vert et pendants par racines; ce décret n'a été abrogé ni par le code civil, dont l'art. 1598 (*v. n.* 35), maintient au contraire les lois prohibitives de l'aliénation de certains ob-

jets , ni par aucune autre disposition des lois nouvelles; il n'y a dans lesdites lois ni abrogation formelle , ni abrogation tacite dudit décret, lequel
n'avait fait, au surplus, que reproduire une prohibition prononcée par l'ancien droit français, par la
déclaration du 22 juin 1694, et par les ordonnances
antérieures y ramenées; ainsi cette prohibition existe
encore et doit être appliquée.

Le décret postérieur du 23 du même mois de
messidor an III (*v. n.* 10) indique, il est vrai , divers
cas auxquels ne s'applique pas cette prohibition,
mais ces exceptions confirment la règle.

Peu importe d'ailleurs que la vente comprenne
avec les grains en vert, d'autres objets.

4 mai 1842, cour de Montpellier. — S. 42—2
—349.

**Comprenne avec les grains en vert d'au-
tres objets.** — Cette solution est remarquable;
elle me semble conforme à l'esprit de la loi et à son
texte d'ailleurs. *V. cependant l'arrêt ci-dessus n.* 1er.

—— 4. Aux termes d'une loi du 6 messidor an III,
les ventes de grains en vert et pendants par racines
sont prohibées et déclarées nulles; cette loi, bien
que créée dans des circonstances extraordinaires,
n'a été abrogée par aucune disposition législative
postérieure ; elle n'était d'ailleurs que la reproduction d'anciennes ordonnances et notamment de
celles du 22 juin 1694, et elle se trouve implicitement maintenue par l'article 1598 (*v. n.* 35), code
civil; ainsi cette loi est encore en vigueur aujour-
d'hui et doit recevoir son application.

Il est vrai, que la loi du 23 du même mois (*v. n.*
10), dispose que dans la prohibition portée par la loi
du 6 messidor, sur les ventes de grains en vert et
pendants par racines, ne sont pas comprises celles
qui ont lieu par suite de tutelle, curatelle, changement de fermier, saisies de fruits, baux judiciai-

res et autres de cette nature ; mais en ne plaçant
dans l'exception parmi les ventes qui peuvent intervenir entre le propriétaire et le fermier, que celles
qui ont lieu par suite de changement de fermier,
le législateur a laissé dans la prohibition portée par
la loi du 6 messidor an iii, toutes autres ventes de
grains en vert et pendants par racines qui auraient
lieu entre le propriétaire et le fermier ou le colon
pendant la durée du bail; ces sortes de ventes sem-
blent en effet présenter la plupart des inconvénients
que l'on a voulu prévenir.

6 juin 1844, cour royale de Bourges.— S. 45 —
2 — 522.

HALLES. 1. — *Droits de halles.* Les droits de
halles et boucheries perçus par le roi sur un sol qui
n'était pas sa propriété, et en sa qualité de sei-
gneur, doivent être considérés comme éteints par
la loi du 15 mars 1790 (*v. n. 4*).

16 mars 1807, décret impérial.—S. 14—2—452.

— ══ 2. *Obligation de déposer les grains mis
en vente sur le carreau de la halle.* — L'obligation imposée par les règlements de police
aux marchands qui introduisent dans une ville
des grains pour être vendus, de les déposer
dans la halle, met les grains sous les yeux de
la police, qui peut dès-lors veiller à la fidélité
de leur vente, et à ce que ceux qui pourraient
être gâtés et insalubres ne soient pas livrés à la
consommation; sa surveillance s'exercerait avec
bien plus de difficulté, et pourrait même être re-
gardée comme impossible, si les marchands venus
du dehors étaient libres de déposer et de vendre
leurs grains dans les lieux de la ville qu'ils juge-
raient à propos de choisir.

Les arrêtés municipaux qui veulent que les grains
entrant dans une ville pour y être vendus, soient
déposés à la halle se rattachent donc à la disposi-

tion du paragraphe 4, art. 3, titre II, de la loi du 24 août 1790 (*v. n.* 5). Ils ne sortent donc point des attributions confiées par cette loi aux corps municipaux, remplacés aujourd'hui par les maires ; la répression des contraventions qui peuvent y être commises, est conséquemment dans les attributions du tribunal de police (*v. n.* 39, *art.* 471, *n.* 15).

24 février 1820, cour de cassation. — S. 20 — 1 — 287.

Les marchands venus du dehors. — En serait-il de même des marchands domiciliés dans la ville? Oui, si le règlement les comprenait. *V. n. 2 ci-après, achat de viande, marchands forains, marché.*

== 2. Un tribunal de police ne peut renvoyer de la plainte les individus prévenus d'avoir vendu des grains et farines dans leur domicile et leurs magasins, contrairement à un règlement municipal qui ordonne de les conduire sur le carreau de la Halle, par les motifs que les grains qu'ils ont vendus étaient déjà introduits et emmagasinés dans leur domicile, que ledit règlement gêne essentiellement le commerce, qu'il peut produire une augmentation de prix dans les denrées au préjudice des consommateurs, et qu'il dépasse, sous ce rapport, les limites du droit accordé aux corps municipaux, car en jugeant ainsi, le tribunal appliquerait faussement la loi du 9 juin 1797, 21 prairial, an V. (*v. n.* 13), et commettrait une violation expresse des règles de la compétence et des art. 3, n. 3 et 4 du titre II de la loi des 16-24 août 1790 (*v. n.* 5), enfin de l'art, 46, titre 1. de celle des 19-22 juillet 1791, (*v. n.* 7).

12 avril 1834, cour de cassation. — S. 34. — 1 — 285.

HAUSSE DES GRAINS, (*par voie illicite*) — La peine d'emprisonnement établie contre ceux qui, par voie illicite, font effectivement hausser les denrées, n'est pas applicable à ceux qui ont seulement commis une tentative de ce délit. (*v. n. 39, art. 3,* 419, 420, code pénal.)

17 janv. 1808, cour de cassation. — S. 18 — 1 — 163.

Qui ont seulement commis une tentative de ce délit. — *V. coalition.*

INSAISISSABLES (*Objets*).—Un four construit par un boulanger sur le sol de son locateur, n'est point censé attaché à la propriété à perpétuelle demeure, puisque ce n'est pas le propriétaire de l'immeuble qui l'a construit, (*v.n. 35, art. 515, 524, 528, 529, code civil*), mais un simple locataire. Il en doit être ainsi, surtout si ce dernier s'est réservé le droit d'en emporter les matériaux à sa sortie de l'appartement ; ainsi le four et les ustensiles qui en sont les accessoires, n'ont pas perdu le caractère d'effets mobiliers, dans l'espèce, et ils peuvent faire l'objet d'une saisie exécution; d'ailleurs ni le four, ni les ustensiles ne peuvent être considérés comme outils ou instruments dont la loi prohibe la saisie. (*v. n. 36, art. 583, 592, §. 6, code procédure civile.*)

14 janvier 1832, — cour royale de Lyon. — S. 33 — 2 — 190.

Surtout si ce dernier s'est réservé le droit d'en emporter les matériaux. — A moins de cette réserve, il pourrait se présenter telle circonstance où le droit du locataire serait contestable.—Il est donc prudent de convenir que le locataire pourra ou ne pourra pas enlever les matériaux à sa sortie.— *V. art.* 553, 555 *et* 599, *code civil.*

INSCRIPTIONS A LA MAIRIE. — La disposition d'un règlement municipal, en vertu de laquelle nul habitant de la commune ne peut y exercer la profession de boucher, s'il ne s'est fait inscrire à la mairie, rentre évidemment dans les attributions conférées au pouvoir municipal par l'art. 3, n. 4 du titre II, de la loi du 16-24 août 1790 (*v. n.* 5), car elle a pour objet l'exécution même de cet article, et le tribunal de simple police est tenu de la faire observer. (*v. n.* 39, *art.* 471, *n.* 15.)

26 mars 1831, cour de cassation. — S. 32 — 1 — 195.

S'il ne s'est fait inscrire à la mairie. — L'inscription sert à indiquer la demeure, et la demeure connue la surveillance de la police devient facile. — *V. ci-après, liberté d'industrie, n.* 2. *privilége exclusif de boucherie.*

JOUR FÉRIÉ.—Aux termes de l'art. 7 de la loi du 18 novembre 1814 (*v. n.* 21), les défenses faites aux marchands d'étaler et de vendre, les jours fériés, les ais et volets des boutiques ouverts, ne sont point applicables aux marchands de comestibles de toute nature (spécialement aux bouchers); les restrictions contenues en l'article 3 de la même loi, ne s'appliquent qu'aux villes dont la population est au-dessous de 5,000 ames. Cet article 3 ne défend pas aux marchands de comestibles, d'étaler pendant le temps de l'office; il se borne à interdire aux cabaretiers, marchands de vin, etc., de tenir leurs maisons ouvertes et d'y donner à boire et à jouer les dimanches et fêtes pendant le temps de l'office.

Un arrêté d'un maire ne peut ajouter aux prohibitions et aux défenses contenues dans cette loi; en cette partie, il ne pourrait donc être obligatoire pour le tribunal de police (*v. n.* 39, *art.* 471, *n.* 15).

29 janvier 1829, cour de cassation.—S.—29— 1 — 202.

Les jours fériés.—Cette loi est aujourd'hui tombée en défaveur, et pourtant quand il y aurait relâche au cabaret, pendant une couple d'heure, dans un jour de la semaine, les femmes et les enfants s'en plaindraient-ils bien fort ? Nos mœurs en vaudraient-elles beaucoup moins ? Il y a liberté et liberté, comme il y a fagot et fagot. — Mais le terrain est brûlant. Combien de bonnes choses ne sont pas acceptées par ce motif !

LIBERTÉ D'INDUSTRIE. — **1.** Aux termes de l'article 6 de l'ordonnance du 11 juillet 1814, portant règlement d'administration publique sur l'exercice de la profession de boulanger à Toulon. (*v. n.* 28 *et* 42), les boulangers qui n'ont pas chez eux l'approvisionnement en farine prescrit par ledit règlement, doivent être traduits devant le maire, qui est autorisé à prononcer contre eux, par voie administrative, l'interdiction momentanée ou absolue de leur profession ; cette disposition prise dans l'intérêt général, et pour assurer l'approvisionnement de la ville de Toulon, n'a été rapportée par aucune loi ni ordonnance postérieures, et elle doit être exécutée jusqu'à ce qu'il en soit autrement ordonné.

14 décembre 1837, ordonnance en conseil d'état, — S. 38 — 1 — 141.

A Toulon. — Toutes les ordonnances portant règlement de la boulangerie, contiennent des dispositions analogues. — *V. n.* 42, le tableau de toutes les villes réglementées par ordonnance.

== **2.** La liberté des métiers et professions n'a été reconnue par la loi des 2, 17 mars 1791 (*v. n.* 6), qu'à la charge des règlements de police qui seraient légalement établis ; le débit et la salubrité des comestibles exposés en vente publique, ont été désignés par la loi du 24 août 1790 (*v. n.* 5), au nombre des objets de police confiés à la vigilance et à l'activité des corps municipaux, et par conséquent, ils se trouvent compris au nombre des objets sur lesquels l'art. 46, titre 1er de la loi du 22 juillet 1791 (*v. n.* 7), autorise les corps municipaux, aujourd'hui remplacés par les maires, à ordonner les précautions locales ; il suit de ces dispositions que la profession de boulanger, qui intéresse au plus haut degré la salubrité et la sécurité publiques, est une de celles dont l'exercice est soumis à la surveillance de l'autorité administrative et des règlements spéciaux de police ; ainsi une ordonnance royale a le droit de décider que nul ne pourra exercer la profession de boulanger sans une permission spéciale du maire ; elle a également le droit de déterminer les cas dans lesquels les permissions seraient retirées, et ceux dans lesquels l'exercice de la profession de boulanger serait interdite , soit pour un temps , soit d'une manière absolue ; elle a pu conférer à l'autorité administrative le soin de constater ces cas et de prononcer ces interdictions. — Un jugement , en refusant d'appliquer à un boulanger les peines portées par l'art. 471, n. 15, du code pénal (*v. n.* 39), à raison de la contravention par lui comise, contre un arrêté d'un maire, rendu en exécution d'une ordonnance royale portant que nul ne pourra exercer la profession de boulanger, sans une permission spéciale du maire, viole donc ledit article et les lois précitées.

16 juillet 1840, cour de cassation. — S. 40 — 1 — 746.

Est une de celles. — Il y en a donc d'autres ? celle de boucher nous paraît être une des premières.

Sans la permission du maire. — Il faut qu'elle soit exigée par le règlement, *V. inscription à la mairie, privilège exclusif de boucherie.*

MAITRE BOULANGER. *Responsabilité pénale.* — 1. Il existe certaines professions au nombre desquelles est celle de boulanger, qui ne s'exercent pas librement, mais sont soumises à des règlements de police spéciaux; l'exécution de ces règlements étant une des conditions de leur exercice, leur inexécution est toujours imputable au maître, fut-elle le fait du préposé qui, agissant pour le compte du maître, est présumé agir d'après ses ordres.

Si donc, par suite d'un procès-verbal régulier, un boulanger a été poursuivi à raison d'une vente de pain faite dans sa boutique au-dessus de la taxe; et qu'il ait été renvoyé des poursuites du ministère public par le motif que ce n'était point lui, mais bien sa femme qui avait fait cette vente; en cela il y a eu violation formelle de l'art. 479, n. 6, du code pénal (*v. n.* 39).

27 septembre 1839, cour de cassation. — S. 39 — 1 — 871.

Est toujours imputable au maître. — Si la femme avait fait la vente, le mari avait fait probablement le pain; il y avait donc faute *personnelle* du mari, dès-lors l'exposition en vente, lui était commune : par ces circonstances de fait, il ne pouvait pas échapper, car il était lui-même en contravention et en première ligne. Mais s'il se fut agi d'un fait défendu *au préposé personnellement et seulement*, et auquel le boulanger n'eut aucunement participé, ce dernier ne serait pas contrevenant et partant passible de l'amende. — *V. le n. 2 ci-après.*

== **2.** Aux termes de l'art. 74, code pénal (*v. n.* 39), la responsabilité qui peut se présenter dans les affaires criminelles, correctionnelles et de police, doit être appliquée par les tribunaux de répression, d'après les art. 1382 et 1384 (*v. n.* 35), code civil, lesquels n'imposent aux maîtres et commettants que l'obligation de réparer le dommage causé par leurs serviteurs et préposés, dans les fonctions auxquelles ils les ont employés ; aucune disposition légale ne rend les maîtres et commettants passibles d'une peine quelconque, à raison des crimes, délits et contraventions commis par leurs serviteurs et préposés, soit dans leurs fonctions, soit en dehors de leurs fonctions ; il ne faut pas confondre la peine et la réparation civile ; la peine est personnelle au délinquant ; la responsabilité civile qui n'est que la réparation du dommage est en première ligne la dette du délinquant ; seulement elle peut, dans les cas prévus par le code civil, retomber sur la personne des tiers responsables ; ainsi l'obligation imposée par un règlement de police, de ne jamais se séparer de leurs poids et balances, *si elle n'est imposée qu'aux porteurs des boulangers*, n'engage que ces porteurs. la contravention qui résulte de l'infraction dans ce cas est un fait propre et personnel aux porteurs qui seuls peuvent être frappés des peines dont ce fait peut être passible ; le boulanger dont le porteur contrevenant est le préposé, n'est pas tenu de la peine encourue par ce préposé, et ne peut être obligé qu'à réparer envers les tiers le dommage que ceux-ci auraient éprouvé, et ce, conformément aux art. 1382 et 1384 code civil.

25 févriér 1842, cour de cassation. — S. 42 — 1 — 431.

V. le n. 1ᵉʳ ci-dessus, à la note.

MARCHANDS EN GROS. *Vente de comestibles gâtés.* — En droit, la disposition des n. 6 et 14 de l'art. 475, code pénal (*v. n.* 39) est générale ; celle du second prévoit et punit nécessairement la vente des comestibles gâtés, corrompus ou nuisibles, par cela seul qu'elle s'applique à la simple exposition en vente de ces comestibles ; elle concerne donc les marchands en gros aussi bien que les marchands en détail.

13 mai 1841, cour de cassation.— S. 41 — 1 — 519.

Elle concerne donc les marchands en gros aussi bien que les marchands en détail. — Plus la vente serait considérable plus le mal serait grand, donc raison de plus de condamner. *v° plaçage, ci-après, et les art* 318 et 387 *c. pén.*, n. 39.

MARCHÉ. — Le règlement qui ordonne aux marchands forains et à tous autres qui apportent des denrées dans la ville et les faubourgs, de se rendre au marché destiné à leur débit, qui défend *à toutes personnes* d'aller au-devant des marchandises en chemin d'être amenées à la ville, et de les arrher ou acheter au préjudice des approvisionnements, des habitants de la ville et des faubourgs, est légal et doit être exécuté, sous peine de condamnation de simple police (*v. n.* 5, 7, 39, *art.* 471 n. 15).

4 février 1826, cour de cassation. — S. 26 — 1 — 348.

A toutes personnes. — Cet arrêt paraît contraire à celui rapporté *v° achat de viande hors de la commune par les habitants,* cependant il faut remarquer que dans l'arrêt que nous rapportons ici, il n'y avait pas seulement achat hors de la commune, mais achat de denrées *en chemin d'être amenées à la ville,* ce qui avait pour résultat de priver la ville d'un approvisionnement préparé.

MARCHÉ ADMINISTRATIF.— L'adjudication d'une fourniture de pain pour les prisonniers, n'est qu'un contrat civil formé entre le boulanger et l'autorité publique ; en décidant donc que ce boulanger ne saurait être passible de l'application du n. 14 de l'art. 475, code pénal (*v. n.* 39) pour n'avoir pas pleinement rempli ses engagements à cet égard, un tribunal de police ne fait que se conformer à cette disposition et aux principes de la matière.

Mais aux termes de l'art. 159, code d'instruction criminelle (*v.* ». 38), le tribunal de simple police, qui déclare que le fait de la poursuite ne présente ni délit ni contravention, doit annuler la citation qui l'en a saisi; il ne doit pas prononcer son incompétence pour en connaître, et renvoyer les parties à se pourvoir devant qui de droit, autrement il viole expressément ledit article.

4 août 1838, cour de cassation. — S. 38 — 1 — 839.

Pour n'avoir pas pleinement rempli ses engagements à cet égard.—C'est à dire en tant qu'ils tiennent à la convention, et non aux lois et règlements de police.

MARQUE DU PAIN. — *Exécution provisoire du règlement.* La disposition d'un arrêté municipal, portant que les boulangers et autres débitants de pain, sont tenus de présenter au maire la marque dont ils font usage, disposition transitoire dont l'exécution est limitée à quelques jours, n'a pas dès-lors le caractère de permanence qui fait que, suivant l'article 11 de la loi du 18 juillet 1837 (*v. n.* 32), les arrêtés pris par le maire ne sont exécutoires qu'un mois après la remise de l'ampliation, constatée par le récépissé du sous-préfet; ainsi, en appliquant cette dernière disposition à l'arrêté municipal dont il s'agit, et en refusant d'appliquer la peine due à la contravention audit arrêté, un jugement de simple police interpréterait faussement l'art. 11 de la loi du 18 juillet 1837 (*v. n.* 32), et violerait le § 15 de l'art. 471, code pénal (*v. n.* 39).

23 février 1841, cour de cassation. — S. 42 — 1 228.

Disposition transitoire. — Elle est plutôt urgente que véritablement transitoire, et cette circonstance de *fait* a influé, peut-être, sur la décision *de droit:* cela arrive quelquefois. *V. taxe, n.* 2.

MATIÈRES COLORANTES. — Les matières alimentaires qui contiennent du minium ou cinabre peuvent être dangereuses pour la santé publique, de telle sorte qu'une ordonnance de police du châtelet de Paris, en date du 10 octobre 1742, a défendu aux confiseurs, traiteurs, etc., et même aux officiers de maisons, de s'en servir dans l'exercice de leur profession, et leur a enjoint de n'employer, comme matières colorantes, que des sucs de fruits ou de plantes qui font partie des aliments usités; ils suffit, dès-lors, que le minium rende malsains et susceptibles de devenir nuisibles les comestibles dans lesquels il figure, pour que leur seule exposition en vente, constitue la contravention prévue et punie par l'art. 475, n. 14, du code pénal (*v. n.* 39), quelque faible qu'en soit la quantité dans ces comestibles, et lors-même que quelques personnes n'auraient éprouvé de leur usage aucun accident.

4 avril 1835, cour de cassation.— S. 35 — 1 — 652.

Quelque faible qu'en soit la quantité. — Autrement il faudrait des chimistes à poste fixe pour décider si certaine mesure a été ou non dépassée. — Dès que la substance est nuisible elle ne peut être mêlée aux comestibles exposés en vente; la défense est absolue. Avis aux marchands de comestibles.

MESURAGE. — Le droit de mesurage public, ne présente aucun caractère qui puisse le faire considérer comme un droit d'octroi ; c'est une taxe perçue dans le marché au profit de la ville, en vertu de la loi du 29 floréal, an x (*v. n.* 18), qui en a créé le principe et le droit; les règlements municipaux faits pour sa perception, n'ont pas pour objet d'ordonner les précautions convenables pour faire jouir les habitants d'une bonne police, et ne peuvent, dès-lors, rentrer dans aucune des matières de police sur lesquelles, d'après l'art. 46 de la loi du 22 juillet 1791 (*v. n. 7*), et les articles 3 et 4 du titre 11 de celle du 24 août 1790 (*v. n.* 6), les autorités municipales sont investies du droit de prendre des arrêtés dont les tribunaux de police doivent réprimer les contraventions, en vertu de l'attribution qui leur est conférée par les art. 1, 2 et 5 de cette dernière loi; aucune loi postérieure n'a étendu cette attribution en faveur des tribunaux de police, à des règlements municipaux faits pour l'administration ou la perception des recettes communales.

24 février 1820, cour de cassation.— S. 20 — 1 287.

Le faire considérer comme un droit d'octroi. — Les fermages communaux ne diffèrent des fermages dûs aux particuliers, qu'en ce qu'ils sont le patrimoine d'un être moral, tandis que les derniers appartiennent à un être physique. A cela près les uns et les autres sont de même nature et sont régis, au fond, par les mêmes lois.

V. quittance du droit d'octroi.

PARCOURS. — « Le conseil d'état, d'après le renvoi du gouvernement, tendant à rendre aux bouchers de Paris l'exercice du droit de parcours sur les terres en jachères de la ci-devant banlieue de Paris;

« Considérant que l'art. 2 de la 4e section de la

loi du 28 septembre, 6 octobre 1791 (*v. n.* 8), est conçu en ces termes :

« La servitude réciproque de paroisse à paroisse,
» connue sous le nom de parcours, et qui en-
» traîne avec elle le droit de vaine pâture, conti-
» nuera provisoirement d'avoir lieu avec les res-
» trictions déterminées à la présente section, lors-
» que cette servitude sera fondée sur un titre ou
» sur une possession autorisée par les lois et
» coutumes; à tous autres égards, elle est abolie. »

« Il résulte du texte de la loi que l'exercice du droit de parcours de la part d'une commune, suppose nécessairement la réciprocité en faveur de la commune sur le territoire de laquelle il a lieu.

» La ville de Paris n'offrant pas cette juste réciprocité, le parcours ne serait pour les communes environnantes qu'une servitude gratuite, une atteinte réelle au droit de propriété dont les bouchers retireraient seuls tout l'avantage, et, par conséquent, l'exercice de ce droit est évidemment de la nature de ceux que la loi ci-dessus citée a eu l'intention d'abolir.

» Si quelque considération d'un ordre supérieur pouvait déterminer le gouvernement à faire révoquer cette loi en faveur des bouchers de Paris, ce serait sans doute l'impossibilité bien reconnue d'assurer l'approvisionnement de la capitale sans l'adoption d'une mesure extraordinaire, et la certitude d'obtenir une diminution sensible sur le prix de la viande, mais ces motifs n'existent pas.

» En effet, depuis plusieurs années, l'état de l'agriculture dans la banlieue de Paris a éprouvé relativement à la multiplication des bestiaux, des changements tels, que les cultivateurs ont besoin de toute l'étendue de leurs communs respectifs pour le pâturage des troupeaux nombreux qu'ils élèvent, et qui sont exclusivement destinés à l'approvisionnement de Paris.

» En supposant que l'exercice du droit de parcours pût avoir tous les avantages qu'on lui attribue, le résultat de ces avantages serait de favoriser la multiplication des troupeaux appartenant aux bouchers, en diminuant celle des troupeaux qui sont aujourd'hui la juste récompense des travaux des cultivateurs.

» Ce serait par conséquent arrêter les progrès de l'agriculture sans augmenter réellement les moyens d'approvisionnement de la capitale, et faire renaître, sans aucune utilité pour la chose publique, une servitude proscrite par la loi, et qui aurait très certainement le double et grave inconvénient de compromettre la salubrité des troupeaux communaux, par leur communication avec les troupeaux forains dans les temps de contagion, et d'être une source intarissable de procès dispendieux entre les bouchers et les cultivateurs.

» Il n'y a donc pas lieu de rendre aux bouchers de Paris l'exercice du droit de parcours. »

28 et 30 frimaire, an XII, conseil d'état.—S. 4 — 2 — 222.

De rendre l'exercice du droit de parcours.— Si le titre d'une commune cependant était formel et la possession conforme; que le titre fut d'ailleurs fondé sur une juste cause, il me semble qu'il faudrait s'y tenir.

PASSAVANT.—La loi du 21 prairial an v (*v. n.* 13), en déclarant libre la circulation des grains dans l'intérieur du royaume, a laissé subsister la défense portée par L'art. 2 de celle du 26 ventôse précédent (*v.n.* 12), de transporter des grains ou farines sans passavant, dans la distance de 25 hectomètres des côtés maritimes.

21 floréal an 12, cour de cassation. — S. 7 — 2 — 992.

A laissé subsister la défense. — La loi entrave ici

la liberté du commerce dans le but d'assurer la subsistance du pauvre à des prix modérés. Quand la liberté nuit aux intérêts les plus puissants, il faut bien
la restreindre dans les limites que ces intérêts com-
mandent. Remarquons que les classes malheureuses
jouissent les premières de ces exceptions qui tendent,
en général, à défendre le faible contre l'égoïsme de
l'homme riche ou puissant.

PATENTE.—Un règlement de police, qui prescrit à tout habitant, voulant exercer la profession
de boucher, l'obligation de se munir préalablement
d'une patente, à peine de saisie et de séquestre de
ses marchandises, ne saurait être légale, puisque
l'autorité municipale n'est chargée, en cette matière,
d'après l'article 1er de l'arrêté du gouvernement, en
date du 2 septembre 1800, que d'arrêter les ta-
bleaux formés par les contrôleurs des contributions
directes; dès-lors un tribunal accorderait régulière-
ment main levée de la saisie, qui aurait lieu au préjudice du boucher, non muni de patente, — on ne
pourrait, s'il avait exposé la viande en vente, au
lieu de son domicile, sans être pourvu de patente,
que dresser procès-verbal contre lui, en exécution
de l'art. 38 de la loi du 22 octobre 1798 (*v. n.* 14
et 24).

26 mars 1831, cour de cassation. — S. 32 — 1
— 195.

PESAGE OBLIGÉ. — Un règlement municipal
qui enjoint aux boulangers de peser les pains qu'ils
vendent, sans qu'il soit besoin d'une réquisition de
la part de l'acheteur, est rendu dans les limites
des lois de 1790 et 1791 (*v. n.* 5 *et* 7). Les dispositions de ce règlement sont d'ordre public; ni les
boulangers, ni les consommateurs de pain, ne peuvent, soit par convention expresse, soit par convention tacite, faire cesser l'obligation où est le bou-

langer de peser les pains qu'il débite dans sa boutique au fur et à mesure qu'il les délivre aux consommateurs (*v. n.* 39 *art.* 471 *n.* 15 *code pénal*).

17 juin 1841, cour de cassation.— S. 42 — 1 — 229.

Sans qu'il soit besoin d'une réquisition de la part de l'acheteur.—Disposition sage, qui peut ramener les boulangers au poids légal dans les petites localités. Je forme des vœux pour qu'elle y soit adoptée. Je voudrais de plus, que *la tolérance de poids*, fut affichée dans la boutique de chaque boulanger, et mieux encore que la tolérance de poids fut écartée, sauf à taxer en conséquence. *V. ci-après, v° poids du pain.*

PILLAGE DES GRAINS. — *Action.* — *Droit d'agir.* — **1.** Si par une dérogation au droit commun, et pour des motifs de sûreté et de tranquillité publique, la loi du 10 vendemiaire an iv (*v. n.* 11,) charge, pour les cas qu'elle prévoit, le ministère public de poursuivre et de requérir, dans l'intérêt de la partie lésée, cette dérogation ne va pas jusqu'à interdire à cette partie qui, dans l'instance, a été représentée par le procureur-général, la faculté de faire signifier elle-même l'arrêt qui lui adjuge des dommages-intérêts, et de faire, par cette signification, courir le délai pour le recours en cassation, afin de rendre irrévocable le droit qui lui est acquis par cet arrêt.

23 janvier 1810, cour de cassation. — S. 7 — 1 — 1185.

2. Autre arrêt de la cour de cassation du 14 pluviose an x, qui décide que les vingt plus forts imposés de la commune responsable ont également le droit d'interjeter appel, en leur nom personnel, du jugement qui déclare la commune responsable (*v. n.* 11). — S. 2 — 1 — 220.

3. Autre arrêt de la cour royale de Colmar du 15 germinal an XIII, qui décide que les vingt plus imposés peuvent former action contre les auteurs et complices du pillage (*v. n.* 11). — S. 5 — 2 — 662.

4. Autre arrêt de la même cour, en date du 2 fructidor an VIII, qui décide qu'il n'y a lieu à procéder dans les formes prescrites par les articles 2 et 4 de la loi du 10 vendemiaire an IV (*v. n.* 11), que dans le cas où l'administration municipale a constaté sur le champ et sans délai, les attroupements dont il est résulté des excès; hors ce cas, les délits ne peuvent être constatés et jugés qu'en la forme ordinaire. — S. 2 — 2 — 536.

═*Cas où l'art.* 440 *c. p. est applicable.* 1. Le pillage, objet de l'article 440, code pénal, (*v.n.*39), qui le punit des travaux forcés à temps, et d'une amende, est, d'après les dispositions précises et formelles de cet article, le pillage qui est commis en réunion ou bande et à force ouverte ; il n'y a, dans les procès criminels de la compétence de cours d'assises, de faits constants qui puissent servir de base à leurs arrêts, que ceux dont la déclaration légale d'un jury atteste expressément l'existence; les circonstances d'un fait étant des faits elles-mêmes, le jury, interrogé sur un fait et sur ses circonstances, n'est pas moins rigoureusement obligé de s'expliquer sur celles-ci que sur celui-là; l'obligation du jury, à cet égard, est littéralement énoncé dans l'article 345 du code d'instruction criminelle (*v. n.* 38).

8 mars 1816, cour de cassation. — S. 16 — 1 — 256.

Qui le punit des travaux forcés à temps. — L'homme que l'esprit de désordre a exalté au point de le porter au pillage en réunion ou bande à force ouverte, trouvera sans doute que la peine des tra-

vaux forcés à temps dépasse toute équité et toute
mesure, appliquée à ce qu'il appellera un moment
d'erreur. Mais la société tout entière lui répondra
que les conséquences de ce moment d'erreur sont in-
calculables; qu'elles peuvent devenir le premier fait
d'une dissolution sociale: qu'elle en est le plus odieux
et le plus hideux lévier, et qu'aucun crime ne blesse
aussi profondément et aussi douloureusement la morale universelle.

Le pillage, en effet, est ce crime affreux qui jette
l'épouvante dans le pays, rend réelle la disette, de
possible seulement qu'elle était, peut conduire à la
famine, et préparer ainsi plus que la guerre civile,
l'égorgement entre eux des citoyens affamés !

. Les bons pauvres ne pillent point; ils souffrent
avec dignité, attendant avec résignation que leurs
semblables, et Dieu qu'ils révèrent, leur viennent en
aide, aide qui ne leur manque jamais, pas plus que
l'estime des hommes de bien.

Nous vivons dans un temps, il faut bien le reconnaître où le travail est sous la main de chacun et
la charité inépuisable. Que celui donc qui manque
du nécessaire, s'adresse au travail, et s'il ne le peut,
à la charité de ses concitoyens, c'est tout à la fois le
moyen le plus sûr et le seul digne d'échapper au besoin.

== 2. Quand un individu est déclaré coupable
par le jury d'avoir fait partie d'une réunion ou bande,
laquelle, après avoir arbitrairement fixé à 4 fr. le
double décalitre de blé froment, qui alors se ven-
dait 5 fr., a de plus à force ouverte, à l'aide de
menaces, forcé des meuniers et autres marchands
de blé à le lui livrer au-dessous de sa valeur, la
cour d'assises lui applique justement les dispositions
de l'article 440, code pénal (v. n. 39).

24 juin 1830, cour de cassation. — S. 30 — 1 — 371.

Au-dessous de sa valeur.—Obliger, à force ouverte, à l'aide de menaces des marchands et autres possesseurs de blés à les livrer au-dessous de leur valeur, *c'est piller ces blés* avec circonstances plus ou moins atténuantes peut-être, mais c'est les piller, c'est à dire, en priver le propriétaire, à force ouverte, ou à l'aide de menaces, sans paiement suffisant : s'il en pouvait être autrement, il y aurait prime d'encouragement pour ceux qui joindraient l'hypocrisie au pillage.

══ 3. L'article 440, code pénal, (*v*.39), qui punit des travaux forcés à temps tout pillage, tout dégat de denrées, commis en réunion ou bande, et à force ouverte, n'a point déterminé le nombre d'individus dont le rassemblement doit avoir été composé pour constituer la *réunion* ou *bande* dont il parle ; mais ce crime rentrant, par sa nature et son objet, dans la classe de ceux qui compromettent la sûreté publique, il faut entendre et interpréter ledit article, suivant les principes établis dans les art. 211 et 212 (*v. n.* 39) ; d'après la combinaison de ces articles, la rebellion est qualifiée crime, lorsqu'elle a été commise par une réunion armée de trois personnes ou plus; il suffit donc que le pillage ou dégât ait été commis à force ouverte, par une réunion ou bande composée de trois personnes, pour que les accusés, qui en sont déclarés coupables, soient passibles des peines prononcées par ledit article 440.

5 avril 1832, cour de cassation. — S. 32 — 1 — 719.

Composée de trois personnes. — Cette solution de la cour suprême me laisse des scrupules par la raison que les articles 211 et 212 sont spéciaux aux cas qu'ils prévoient; qu'en matière pénale, il est défendu de condamner par analogie; qu'enfin le mot *réunion* de l'article 440, accolé, comme il l'est, à celui de *bande*, présente à l'esprit plus de trois personnes. Mais quand y aura-t-il donc réunion dans le sens de notre article 440? J'inclinerais à penser que cela dépendrait des lieux et circonstances, et que l'appréciation, faute d'un texte précis, devrait en appartenir à la cour d'assises. — Remarquons que l'arrêt contraire que nous rapportons, est un arrêt simplement de rejet.

== *Responsabilité des communes.* 1. La loi du 11 vendemiaire an iv (*v. n.* 11), est applicable à toutes les communes, sans distinction des grandes et des petites, attendu que la loi n'établit pas cette distinction, et que les motifs qui l'ont fait rendre, ne s'appliquent pas moins aux grandes qu'aux petites communes.

Avis du conseil d'état, 23 prairial, an viii. — S. 1 — 2 — 194.

Ne s'applique pas moins. — Avec cette observation, qui explique et justifie la loi, que les petites communes ne sont pas responsables, si elles ont opposé une résistance en rapport avec leurs ressources.— *V. n. ci-après,*

== 2. Si le pillage des grains et farines a été commis dans un temps ou la désorganisation la plus complète avait détruit dans une ville tous les liens sociaux, où les lois y étaient sans force et les magistrats sans autorité; dans des circonstances aussi extraordinaires et dans un état de choses tel que les moyens indiqués par la loi du 10 vendemiaire an iv (*v. n.* 11), comme propres à prévenir ou réprimer les délits ou à en faire connaître les auteurs, avaient perdu momentanément toute influence, ladite loi ne peut recevoir son application.

27 juin 1822, cour de cassation. S. 22 — 1 — 428.

Ne peut recevoir son application. — A l'impossible nul n'est tenu. Cependant ne faut-il pas distinguer entre le cas où le pillage a été commis par les seuls habitants de la commune et celui où des étrangers auraient contribué à ce pillage? J'inclinerais à penser que l'excuse résultant de l'impuissance ne serait admissible que dans ce dernier cas, autrement il s'en suivrait que la commune échapperait, en vertu de l'énormité même des torts de ses habitants, ce qui serait aussi contraire à la morale et à la raison qu'au texte de l'article 5, titre IV, de la loi du 10 vend. an IV (*v. n.* 3, *ci-après*).

== 3. D'après les dispositions textuelles de la loi du 10 vendemiaire an IV, art. 5 du titre 4, 1er et 2e du titre 5 (*v. n.* 11), une commune répond des pillages commis sur son territoire, même lorsque ces pillages auraient été commis par des individus d'autres communes, sauf à cette commune à prouver qu'elle a fait ce qu'il était en son pouvoir pour empêcher le pillage, auquel cas elle est dégagée de toute responsabilité.

La loi a compris évidemment, sous le nom d'objets *pillés* et *volés*, les objets détruits et incendiés, puisque autrement on arriverait à cette conséquence absurde, que celui dont les propriétés ont été détruites ou incendiées, n'a droit à aucune réparation, sous prétexte qu'il n'en est accordé que pour les objets *pillés* et *volés*.

En fixant les dommages-intérêts, en *minimum*, à une somme égale à la valeur des objets détruits ou volés, l'art. 6 du titre 5 de la loi du 10 vende-

miaire an IV (*v. n.* 11), a laissé les magistrats maîtres d'en prononcer de plus considérables; en accordant à ce titre de dommages-intérêts, les intérêts du capital dû pour la valeur des objets pillés et
détruits, à compter du dommage, un tribunal use
du droit que lui donne l'article précité, d'augmenter le *minimum* des dommages-intérêts et ne se
met point en contravention avec l'art. 1153, code
civil (*v. n.* 35), relatif aux intérêts moratoires, et
non à ceux qui sont prononcés à titre de dommages-
intérêts, pour un tort causé par pillage, ou tout
autre fait attentatoire à la propriété.

4 décembre 1827, cour de cassation. — S. 28 —
1 — 206.

══ 4. Si d'après la loi du 10 vendemiaire
an IV, titre 5, articles 1er. et 6 (*v. n.* 11),
les dommages - intérêts dûs par les communes
au propriétaire des grains enlevés par des
attroupements, ne doivent pas être moindres
que la valeur entière des objets pillés, il échet dès-
lors de les fixer à une somme égale au préjudice
qu'à éprouvé le propriétaire des grains, et d'en
faire remonter les intérêts au jour de la demande.

7 mars 1833, cour royale de Metz.— S. 33—2—
581.

Le tribunal de première instance avait condamné
au simple de la perte éprouvée. La cour *a ajouté*, à
titre de dommages-intérêts, une somme égale con-
formement à la loi.

══ *Solidarité des communes* — 1. Soit
que l'on attache aux condamnations de plusieurs communes, pour un même crime,
un caractère de pénalité, soit qu'on les considère
comme un simple dédommagement, elles n'en doivent pas moins emporter solidarité, par application de l'art. 55 du code pénal (*v. n.* 39), ou par

l'effet d'une jurisprudence constante en matière de réparation civile.

Quant au mode de répartition, entre ces communes du montant des indemnités et restitutions, on doit consulter comme éléments d'appréciation, notamment la population, la richesse des communes, leur importance comme corps commun à moins qu'il ne soit prouvé que la participation des habitants aux faits de pillage a été inégale. Les contributions directes payées par chaque commune, peuvent fournir une base proportionnelle, équitable pour la répartition à faire.

Aucune loi n'a abrogé les dispositions de la loi du 10 vendemiaire an IV, sur la responsabilité des communes (v. n. 11); sous l'empire de notre législation, la loi ne peut être abrogée qu'expressément ou tacitement, par des termes formels ou une disposition contraire et inconciliable; la désuétude n'existe pas en fait; la presque totalité des cours et tribunaux appelés à juger la question, ont fait l'application des art. 1 et 6, titre 5, de la loi précitée; en effet, cette loi a été appliquée : 1°. Le 5 août 1826, par la cour de Pau, confirmée par la cour de cassation. 2°. Par arrêt de la cour de Toulouse, sous la date du 19 juin 1834. 3°. Par arrêt de la cour de cassation du 17 juillet 1838, confirmatif d'un arrêt de la cour de Toulouse. 4°. Par arrêt de la cour de cassation du 13 avril 1842. (*V. ces divers arrêts.* S. 26 — 1 — 206 = 37 — 1 — 657 = 1838 — 1 — 627 = 1838 — 1627. = 1842 — 1 — 293.

14 juin 1843, cour royale de Riom. S. 43 — 1 — 329).

===== 2. A fins civiles, les effets de la responsabilité se résolvent en paiement d'indemnité et dommages-intérêts pour la réparation des torts causés;

la responsabilité envisagée sous ce point de vue, conduit à examiner les facultés de ceux sur lesquels elle repose, pour parvenir à l'acquittement des sommes dues.

Aux termes de l'art. 1 de la loi du 10 vendemiaire an IV (v. n. 11), tous les citoyens habitant la même commune sont civilement responsables; c'est donc à trouver le mode le moins inégal de supportation des conséquences d'un fait que la loi met à la charge de tous et un chacun des habitants qu'il faut s'appliquer; il faut comparer les communes responsables sous les rapports de population, de richesse, commerce, industrie et territoire; au cas particulier, en donnant aux effets de la responsabilité civile la base de la répartition des contributions foncières, personnelles, mobilières, des portes et fenêtres et des patentes (en principal), chaque habitant ne paie qu'en proportion réelle de ses facultés, et par conséquent de l'intérêt matériel qu'il a à maintenir la tranquillité publique; par ce mode, c'est placer les effets de la responsabilité civile sur la même ligne que tous les autres genres de contributions, et arriver autant que possible à une répartition qui présente les plus grandes garanties de justice et de vérité.

19 décembre 1843, cour royale de Riom.—S. 44 — 2 — 151.

Il faut comparer les communes responsables. — On comprend difficilement d'abord comment des communes différentes peuvent être responsables ensemble et solidairement, chacune, d'après la loi, n'étant responsable que des pillages qui ont lieu sur son territoire, art. 1er titre 1er, art. 1er titre 4, art. 1er titre 5, loi du 10 vendemiaire an IV (v. n. 11). Cependant l'art. 3 du titre 4 de cette loi, admet, la responsabilité *conjointe* de plusieurs communes.

Je crois que le moyen de concilier ces articles est de dire : 1° Que la règle est que chaque commune répond du pillage commis sur son territoire. 2° Que par exception, si les attroupements ou rassemblements ont été formés d'habitants de plusieurs communes, toutes seront responsables des délits qu'ils auront commis. 3° Mais qu'il faut restreindre cette exception au cas ou une portion *notable* de l'attroupement, et non quelques individus seulement, appartient à la commune sur le territoire de laquelle il n'a point été pillé. Autrement l'exception deviendrait la règle, et la règle l'exception, ou plutôt la règle ne trouverait jamais son application.

== *Réparation civile, quantum.* — Suivant l'art. 1er du titre 5, de la loi du 10 vendemiaire an IV (*v. n.* 11), les marchandises enlevées doivent être rendues en nature, ou payées sur le prix du double de leur valeur, au cours du jour du pillage ; et suivant l'art. 6 du susdit titre, les dommages-intérêts ne peuvent être moindres que la valeur en nature des objets enlevés.

Rien n'indique dans la loi que ces dispositions aient eu pour motif la dépréciation de papier-monnaie ; par conséquent on ne peut induire leur abolition de ce que les lois postérieures ont rétabli le cours du numéraire métallique.

1er juillet 1822, cour de cassation. — S. 22 — 1 — 352.

Autre arrêt de cassation, conforme, même date. — S. 22 — 1 — 354.

== *Tribunal civil.* La loi du 10 vendemiaire an IV (*v. n.* 11), veut que le tribunal civil prononce dans les dix jours sur le vu des procès-verbaux et autres pièces qui constatent les délits qui ont été commis, sans exiger une assignation à aucune partie.

17 vendemiaire an VIII, cour de cassation. — S. 1 — 1 — 245.

Prononce dans les dix jours. — Aucune matière ne requiert plus de célérité que celle-ci, non seulement dans l'intérêt du citoyen victime du pillage, mais de la société tout entière. La promptitude de la réparation est aussi nécessaire en cette matière qu'elle l'est lorsqu'il s'agit de la rupture d'une digue entraînée par le débordement violent des eaux.

Sans exiger une assignation à aucune partie. — Le juge devant prononcer dans les dix jours, l'on a cru pouvoir admettre pour ce cas, comme autrefois en Normandie, la *clameur de haro*, c'est à dire l'obligation de comparaître devant le juge sans mandement ou assignation.

==== *Ville de Paris.* L'application aux communes de ce principe de droit naturel qui oblige chaque individu à réparer le dommage qu'il a causé par son fait, son imprudence ou sa négligence, suppose nécessairement une organisation qui laisse aux communes la libre disposition de leurs moyens de surveillance, d'action et de répression.

Il résulte des décrets des 3 et 4 vendemiaire an IV, et des circonstances qui ont précédé, accompagné et suivi la promulgation de la loi du 10 vendemiaire an X (*v. n.* 11), même mois, que la commune de Paris était alors placée sous un régime spécial, qui refusait à ses officiers municipaux le droit de diriger la force armée et d'en disposer, et qui réservait aux membres de la convention nationale chargée de cette mission, la direction et la disposition de la force armée.

4*

Depuis cette époque, la situation légale et municipale de Paris n'a point changé, et elle a même été définitivement fixée et régularisée, ainsi que l'exigeait l'intérêt de l'état.

En effet, la ville de Paris étant le siège du gouvernement, c'est au gouvernement que doivent appartenir exclusivement, dans cette ville, la surveillance et la disposition de la force publique; puisque l'indépendance du gouvernement serait compromise si les moyens de conserver la tranquillité publique dans le lieu où il siège, pouvaient dépendre d'une autre autorité que de la sienne.

C'est dans ce but que l'arrêté des consuls du 12 messidor an VIII, a concentré dans les mains du préfet de police cette portion d'autorité qui est ailleurs confiée aux maires, et qui a pour objet le maintien de la tranquillité publique ainsi que la réquisition de la force armée.

Le préfet de police est l'agent direct du gouvernement, ses pouvoirs s'étendent sur tout le département de la Seine et au-delà; il est placé immédiatement sous les ordres des ministres, avec lesquels il correspond sans intermédiaire; il suit de là que c'est le gouvernement lui-même et non un magistrat municipal qui veille, à Paris, à la conservation de l'ordre public, et qui dispose seul de tous les moyens de surveillance, de prévention et de répression.

Si la loi du 10 avril 1831 donne aux maires et adjoints de la ville de Paris le droit de requérir l'assistance de la force publique, et de sommer les attroupements séditieux de se disperser, ces dispositions n'ont point altéré les pouvoirs conférés au préfet de police par l'arrêté du 12 messidor an VIII, et n'empêchent pas que, dans l'étendue de la circonscription territoriale soumise à son autorité, il ne continue à exercer dans toute leur plénitude le droit de surveillance spéciale, le devoir de disperser les attroupements séditieux, et la direction suprême de la force publique.

18 décembre 1843, cour de cassation.— S. 44— 1 — 350.

Voir dans le même sens, arrêt de cassation du 15 mai 1841.— S. 42 — 1 — 373. — Autre arrêt de cassation du 9 avril 1844.— S. 44 — 1 — 317.

== *Vol.* Quand le pillage des grains présente en outre, les caractères d'un vol, et forme ainsi le fait principal de l'accusation; la force ouverte dont ce pillage est accompagné, n'en est qu'une circonstance aggravante qui peut en augmenter la peine.

8 janvier 1818, cour de cassation.— S. 18 — 1 — 177.

Présente le caractère d'un vol —On peut piller sans voler. Piller des denrées, en effet dans le sens de l'art. 440 code pénal, c'est les ravager, les dévaster, en faire *dégat en réunion ou bande et à force ouverte;* voler ces denrées, en les pillant, c'est joindre aux circonstances ci-dessus, celle aggravante de la *soustraction . frauduleuse* d'une chose qui ne nous appartient pas, art. 379 du code pénal (*v. n.* 39).

PLAÇAGE DANS LE MARCHÉ.

— Les règlements municipaux qui décident que ceux qui amènent des denrées dans une ville et faubourgs pour y être vendus, seront tenus de les porter au marché, et non ailleurs, à peine de consfication, sont faits dans l'exercice légal de l'autorité municipale (*v. n.* 5 *et* 7); ils obligent expressément, et d'une manière absolue, *tous* ceux qui conduisent ou font venir à la ville des denrées et comestibles destinés à l'approvisionnement des habitants de cette ville. de les *porter sur les marchés;* il est défendu de les transporter et déposer ailleurs, et relativement aux marchands de volailles, cette défense générale s'applique aussi bien à ceux qui les vendent en gros qu'à ceux qui ne les vendent qu'en détail.

On ne peut donc les entrer soi-même ou les faire entrer par autrui dans la ville, ni porter autre part que directement sur le marché où elles doivent être livrées à la consommation du public, sans contrevenir à ces dispositions précises et encourir les peines qui en assurent l'exécution, et le tribunal de simple police qui est chargé d'infliger ces peines (*v. n.* 39, *art.* 471, *n.* 15), ne saurait légalement s'en dispenser, tant que les règlements précités n'ont pas été abrogés ou modifiés par les autorités qui les ont rendus, ou par l'administration supérieure.

15 juillet 1830, cour de cassation. — S. 30 — 1 — 388.

V. Achat de Viande, Forains (marchands), Halles, Marchés, Marchands en gros.

POIDS DU PAIN — *Convenu avec les pratiques.* Si l'arrêté d'un maire n'accorde aux boulangers pour déchet de cuisson que 60 à 90 grammes sur le pain de deux kilogrammes, et 30 grammes sur le pain d'un demi-kilogramme et qu'il soit constaté et reconnu, que des pains de deux kilogrammes fabriqués par un boulanger du lieu, ont présenté un déficit, l'un de 100 grammes, l'autre de 125 grammes, il y a lieu à condamnation (*v. n.* 5, 7, 39, *art.* 471 *n.* 15); en relaxant ce boulanger de l'action exercée contre lui par le ministère public, sur le motif que ces pains étaient destinés et portés à des pratiques qui exigent qu'ils soient extrêmement cuits et qui, sous cette condition, tolèrent, approuvent même formellement un déficit de poids correlatif et légitime, un tribunal crée une exception au règlement et commet, par suite, une violation expresse tant de l'art. 65 code pénal (*v. n.* 39), que des autres dispositions de l'art. 471, *n.* 15 du même code (*v. n.* 39).

7 septembre 1844, cour de cassation. — S. 45 —
1 — 317.

Approuvent même un déficit. — Pour
concilier l'intérêt du boulanger et le goût du
consommateur, il faudrait que le règlement contint
la taxe spéciale des pains recuits et autres qui sont
de qualité exceptionnelle. Sans cette taxe spéciale,
le boulanger qui vend le pain recuit au-dessus de la
taxe ordinaire, même du consentement de l'acheteur, se constitue en contravention par la raison que
la taxe est d'ordre public et qu'il n'est permis dès-
lors à personne d'y déroger. Essayons de mettre de
côté ce principe salutaire, et l'on verra bientôt que
la taxe ne profitera plus qu'aux riches, seuls indépendants en cette matière.

=== *Exposition en vente.* 1. Le fait d'exposer en
vente des pains qui n'auraient pas le poids prescrit
par le règlement d'un préfet, ne constitue que la
contravention prévue par l'art. 471 n. 15 du code
pénal (*v. n.* 39), d'où il suit qu'en infligeant au boulanger, prévenu de cette contravention, la peine
portée par cette disposition, un tribunal de police
fait une juste application de cet article, et ne viole
point le deuxième alinéa de l'art. 479 n. 6 du même
code (*v. n.* 11).

1er février 1833, cour de cassation. — S. 33 — 1
— 593.

=== 2. Quand la contravention dont un boulanger
a été reconnu coupable, résulte seulement de ce qu'il
a exposé en vente des pains n'ayant pas le poids fixé
par le règlement local de police ; la sanction pénale
de ce règlement se trouve dans l'art. 471 n. 15 du
code pénal (*v. n.* 39) ; en infligeant donc au contre-

venant la peine que cet article prononce, un tribunal de police en fait une juste application et ne
viole point l'art. 479 n. 6 du même code (*v. n.* 39),
qui ne concerne que les boulangers et bouchers
ayant *vendu* le pain et la viande au-delà du prix
fixé par la taxe légalement faite et publiée ; fait
tout différent de celui dont il s'agit dans l'espèce.

4 août 1838, cour de cassation. — S. 38 — 1 —
744.

**De ce qu'il a exposé en vente des pains n'ayant
pas le poids.** — Exposer en vente des pains n'ayant
pas le poids, c'est commettre la tentative de la vente
de pain au-dessous du poids, vente qui constituerait
un délit (*v. n.* 39, *art.* 423); mais la tentative de ce
délit n'étant pas punie par le code pénal, il en résulte
qu'elle échapperait à la répression (*v n.* 39, *art.* 3),
si l'on ne la réprimait pas par l'art. 471, n. 15, du
même code, numéro qui est la véritable providence
des réglements municipaux.

=== *Miche.* Un arrêté d'un maire, prescrivant
aux boulangers de donner à leurs miches de pain le
poids *intégral* de 1, 2, 4, et 8 kilogrammes, est *nécessairement* aussi bien applicable aux pains fabriqués
dans la commune où l'arrêté a été pris, qu'aux
pains fabriqués hors de cette commune, qui seraient
vendus ou exposés en vente dans cette dite commune. Le fait de déficit constaté, constitue une contravention de la compétence du juge de paix, aux
termes de l'art. 139, code d'instruction criminelle
(*v. n.* 38), et des art. 1er et 464 code pénal (*v. n.*
39).

7 mars 1845, cour de cassation. — S. 45 — 1 —
618.

V. ci-dessus, v. Pesage obligé, à la note, et n. 6, 7.

— *Prix proportionnel.* S'il est constaté que des pains n'ont pas le poids prescrit par le maire, il y a contravention, même alors que le boulanger ne vendrait les pains dont il s'agit qu'en proportion de leur poids réel—un tribunal de police qui déciderait le contraire, se permettrait d'interpréter et de modifier arbitrairement un règlement administratif, dont son devoir l'oblige de maintenir l'exécution littérale (*v. n.* 39, *art.* 471 *n.* 15), et son jugement devrait être cassé, en conséquence, comme entaché d'excès de pouvoir.

5 pluviose an XII, cour de cassation.— S. 7 — 2 — 811.

Même alors que le boulanger ne vendrait les pains qu'en proportion de leur poids réel. — La raison en est que la fraude pourrait facilement s'abriter sous ce prétexte, et que la régularité obligée dans le poids est le seul moyen de la prévenir.

— *Tolérance dans le poids.* 1. Si un règlement n'admet une tolérance dans le poids du pain que dans le cas d'une extrême cuisson, ou d'un accident qui aurait influé sur le résultat de la fournée, le boulanger ne peut échapper à l'application de la peine attachée à la contravention résultant de ce fait, que dans le cas où le tribunal, saisi de la prévention, aurait vérifié et formellement jugé, en termes explicites, qu'il se trouve excusable par la tolérance qu'accorde ledit règlement, à cause de l'extrême cuisson de ce pain, ou d'un accident qui aurait influé sur le résultat de la fournée; d'où il suit qu'en se bornant simplement à déclarer que le déficit reproché rentre dans les dispositions de ce règlement; un jugement viole expressément les articles 161 code d'instruction criminelle (*v. n.* 38), 165 et 471 n. 15 code pénal (*v. n.* 39).

30 août 1838, cour de cassation. — S. 39 — 1 —.73 .

Aurait vérifié et formellement jugé en termes explicites. — Il importe, en effet, que la faveur accordée, par exception, aux cas d'extrême cuisson et d'accident ne puisse être étendue par le juge, à l'aide *d'un considérant de style*, hors des termes du règlement municipal. Or, le moyen de prévenir cette extension, c'est d'astreindre le juge à *vérifier et à juger formellement en termes explicites*, que la cuisson a été extrême ou que l'accident prévu par le règlement est arrivé. *V u. ci-après et v. pesage.*

= **2.** L'inspection sur la fidélité du débit des denrées qui se vendent au poids, fait partie des attributions conférées au pouvoir municipal par l'art. 3, n. 4, tit. 11 dè la loi des 16-24 août 1790 (*v. n.* 5); de cette disposition dérive le droit de fixer par des règlements, le poids des pains mis en vente, et la tolérance que l'on peut admettre, dans de certains cas, sur ce poids, et que l'inobservation de ces règlements constitue la contravention prévue et punie par l'art. 471, n. 15 c. pénal (*v. n.* 39).

1. juillet 1842, cour de cassation, S. 43. — 1 — 866.

PRESCRIPTION. — Les boulangers, bouchers pâtissiers, confiseurs, marchands de comestibles, qui débitent à boutique ouverte des objets mis en vente, doivent être assimilés aux marchands plutôt qu'aux traiteurs, et leur action pour le paiement de leurs fournitures ne se prescrit que par un an (*v. n.* 35, *art.* 2272). — Troplong, t. 2, n. 51.

Doivent être assimilés aux marchands — Je le crois, voyez cependant *commerçant et n.* 37, *art.* 1.

PRIVILÉGE. 1. — *Fournisseurs de subsistances.*
Le §. 5 de l'art. 2101, code civil (*v. n.* 35), ne fait
aucune distinction; il accorde en général aux boulangers et bouchers un privilége pour les six derniers mois de fournitures qu'ils ont faites.

Cependant ces fournitures, d'après l'esprit de la
loi, doivent *seulement* avoir été faites au débiteur
et à sa famille (et non consommées par les pratiques d'un aubergiste, par exemple).

16 juillet 1819, cour royale de Rouen. — S. 17.
— 2 — 270.

Au débiteur et à sa famille. — Ce sont là les termes mêmes de l'art 2101. Les priviléges ne s'étendent
pas d'un cas à un autre, surtout quand il n'y a pas
la moindre analogie, ni le même motif de décider.
Pourquoi le boulanger, le boucher qui ont nourri
l'aubergiste et sa famille, sont-ils payés de cette
nourriture, par préférence, sur les biens de l'aubergiste? C'est parce qu'ils sont supposés leur avoir ainsi
directement conservé l'existence, mais la même suppo-
sition ne peut pas s'appliquer aux aliments dépen-
sés par les voyageurs. Ces aliments, objet du commerce de l'aubergiste ne peuvent pas être considérés
comme ayant conservé directement l'existence de
cet aubergiste.

Mais l'aubergiste a-t-il, lui, un privilége, aux termes
de l'art. 2101, sur les biens des voyageurs pour les
aliments qu'il lui a fournis? Je ne le pense pas, par
la raison que l'art. 2101, n. 5, en lui accordant privilége *sur les effets des voyageurs qui ont été
transportés dans son auberge,* manifeste clairement qu'il n'est pas question de lui dans l'art. 2101·
Et, en effet, les fournitures de l'aubergiste ont moins
pour objet de conserver l'existence du voyageur que
de pourvoir, en général, à sa commodité passagère,

en lui procurant sur place des objets qui se paient d'ailleurs ordinairement comptant et pour le paiement desquels la loi accorde taxativement eu conséquence privilége *sur les effets qui ont été transportés dans l'auberge.* — *V. ci-après, n. 7.*

=== **2.** *Rang du privilége des fournisseurs de subsistances.*—Les priviléges *spéciaux* sur la chose, sont préférables aux priviléges *généraux* énoncés en l'art. 2101 code civil (*v. n. 35*).

17 juin 1826, cour royale de Rouen — S. 27— — 2 — 5.

Sont préférables aux priviléges généraux. — Ce n'est pas là discuter, c'est purement et simplement décider et mal décider, je crois, c'est dommage, car l'arrêt est très net d'ailleurs. Aussi, il me rem et en mémoire ce passage de Guyot, *Traité des fiefs*, t, I. p. 439, n.18: «Heureux les sujets du roi, plus heureux les jurisconsultes, si dans les questions qui se présentent et roulent souvent sur l'ambiguité des termes, les arrêts qui interviennent, marquaient aussi précisément la décision, cela n'engendrerait pas tant d'affirmations et de dénégations sur le jugé d'un arrêt que l'o oppose de part ou d'autre, et ne ferait pas entasser tant de citations d'arrêts, qui bien approfondis, souvent ne jugent rien moins que ce à quoi on veut les faire venir. « C'est pour ne pas augmenter ce ma entendu, que je me suis interdit de présenter au lecteur le simple sommaire des arrêts que je rapporte, et que j'ai préféré donner leur *texte* doctrinal. *V. n. 3, 4 et 6 qui suivent.*

=== **3.** — La loi a rangé en deux classes les priviléges sur les choses mobilières : 1. Les priviléges généraux sur les meubles ; 2. les priviléges particuliers sur certains meubles; elle a ensuite classé chaque privilége dans celle des deux catégories qui conviennent à la nature de la créance qui en était l'objet: cette classification n'eut pas suffi pour obvier aux contestations, si la loi avait déterminéle rang des priviléges entre eux, en les plaçant elle-même dans l'ordre suivant lequel chacun devait être payé ; cette opération ne pouvait se faire qu'en appréciant le degré d'intérêt ou de faveur attaché à chaque créance privilégiée; et c'est sur cette base qu'est établie dans un ordre invariable (art. 2101 et 2102, code civil v. n. 35), la double nomenclature des priviléges généraux sur les meubles, et des priviléges spéciaux sur certains meubles; il en résulte que les créances de la première classe qui ont privilége sur l'universalité du mobilier, ont été reconnus avoir un droit de préférence, fondé sur un degré d'intérêt supérieur à celui des créances de la seconde classe, dont le privilége ne frappe que sur une espèce ou une qualité réduite à certains meubles; il ne faut d'ailleurs que comparer l'origine des unes et des autres pour s'en convaincre; par une autre conséquence dans le sens de la loi, la spécialité de l'article 2102 est purement restrictive en elle-même, et non exceptionnelle à la généralité établie dans l'art. 2101; et l'effet du privilége général étant incontestablement de s'étendre sur la généralité des meubles et de les affecter tous en général et chacun en particulier au paiement de la dette, le privilége spécial ne passe à la créance à laquelle il est accordé, qu'avec la charge de l'exercice du privilége général qui le domine; au surplus, l'art. 662 code de procédure civile (*v. n.* 36) n'apporte aucune dérogation à l'ordre des choses ci-dessus, parce que les frais de poursuite dont parle cet article, sont ceux faits dans l'intérêt privé du créancier poursuivant, tandis que les frais de justice et les autres droits énoncés en l'article 2101 ont leur source dans la morale publique aussi bien que dans

l'intérêt des parties prenantes; la plupart des jurisconsultes qui ont écrit sur la matière, ont entendu
la loi de la manière dont elle vient d'être expliquée,
et s'il pouvait rester du doute dans quelques esprits
sur sa véritable intelligence, il se trouverait levé par
les dispositions contenues dans les articles 2104 et
2105 code civil (*v. n.* 35); le législateur n'avait pas
besoin de dire que le privilége général sur les meubles l'emporterait sur le privilége spécial sur certains meubles, puisque cela ressortait sensiblement
de la nature des choses, de la force virtuelle de la
généralité établie au premier ordre, et du sous-or-
dre dans lequel il avait placé la spécialité; mais
comme les droits sur les immeubles se gouvernent
par des règles particulières à cétte espèce de biens,
il était nécessaire qu'il en vînt à se prononcer plus
explicitement à cet égard; le législateur a disserte-
ment exprimé la prééminence des créances de l'art.
2101 sur toutes les autres créances privilégiées, en
étendant art. 2104 (*v. n.*35) le privilége général
sur les meubles jusque sur les immeubles, et donnant art. 2105 (*v. n.* 35), à défaut de mobilier, la
préférence aux créances de l'art. 2101 sur toutes
les créances de l'art. 2103 (*v. n.* 35), précisément
celles qui sont spécialement affectées sur les immeubles.

Il suit de là que la créance de celui qui a fourni
des aliments au débiteur pendant les derniers six
mois, prévaut sur la créance privilégiée du vendeur, quoiqu'inscrite en première ligne sur le fonds
vendu, et l'on voudrait que cette même créance ne
prévalût pas sur celle du vendeur d'un meuble con-
fondu avec les autres meubles du débiteur, sans
que les tiers aient eu aucun moyen de la connaître!
Où serait, dans ce système, la raison du refus au
vendeur d'un immeuble d'une faveur qui aurait été
accordée si gratuitement au vendeur d'un meuble? .
Certes, il n'en existe aucune, il y aurait donc con-

tradiction manifeste entre deux dispositions législatives qui auraient statué de la sorte. Il n'est pas possible de supposer une semblable antinomie dans le code civil, au titre des priviléges et hypothêques.

12 mai 1828, cour royale de Rouen. — S. 29 — 2 — 15.

Les créances qui ont privilége sur l'universalité du mobilier, ont été reconnues avoir un droit de préférence. Je le crois par les motifs énoncés dans l'arrêt, mais il est curieux de voir la cour de *Rouen* battre avec autant d'avantage la cour de *Rouen! V. n. 2 ci-dessus, et les n. suivants 4 et 6.*

═══ 4. L'art. 2101, code civil (*v. n.* 35), fixe bien l'ordre dans lequel s'exercent les priviléges généraux qu'il énumère; l'art. 2105 (*v. n.* 35), indique également l'ordre à suivre en cas de concurrence des priviléges généraux avec les priviléges spéciaux sur les immeubles; mais aucune disposition du code civil ne règle la préférence entre les priviléges généraux énoncés en l'art. 2101, et les priviléges dont parle l'art. 2102 (*v. n.* 35): dans ce silence de la loi il faut se reporter à la disposition de l'art. 2096 (*v. n.* 35), c'est à dire se déterminer d'après les différentes qualités des priviléges; la créance du locateur est à peu près de même nature et présente à peu près la même faveur que la créance du fournisseur de subsistances, puisque l'une et l'autre ont pour cause des besoins de première nécessité; mais le locateur a de plus une sorte de possession, à titre de gage, des meubles qui garnissent sa maison, circonstance toute puissante pour lui assurer la préférence ; effectivement, en fait de meubles, la possession est le meilleur des titres, comme on le voit notamment par les articles 1141 et 2279 (*v. n.* 35), code civil; aussi l'art. 2073 (*v. n.* 35) déclare-t-il, en termes absolus que le gage confère au créancier le droit de se faire payer sur la chose qui en est l'objet, par privilége et préférence aux autres créanciers; s'il restait du doute sur la préférence due au propriétaire pour ses loyers, ce doute serait levé par les art. 661 et 662, code de procédure civile (*v. n.* 36), qui la consacrent assez clairement. Cette solution est d'autant plus juste, que si l'on accordait d'une manière absolue la préférence à tous les priviléges généraux de l'art. 2101 sur les priviléges spéciaux de l'art. 2102, ceux-ci deviendraient presque toujours illusoires, tandis qu'au contraire, en cas de priorité accordée aux priviléges spéciaux, les priviléges généraux pourront encore le plus souvent s'exercer utilement sur les autres meubles et sur les immeubles du débiteur.

8 mars 1838, cour royale de Caen.—S.—38—2—152.

Se déterminer d'après les différentes qualités des priviléges.— Bon moyen pour avoir autant d'arrêts différents qu'il y a de cours royales ! C'est le législateur qui a dû se déterminer d'après les différentes *qualités* et non le juge qui n'a mission que de suivre le classement, l'ordre fixé par la loi.

D'ailleurs, à l'argument tiré de ce que la créance du locateur est *à peu près* de même nature que celle du fournisseur de subsistances, et qu'elle présente *à peu près* la même faveur, on peut répondre que ces deux *à peu près* prouvent de reste que dans l'opinion de la cour royale de Caen elle-même, le fournisseur de subsistances a l'avantage sur le locateur et quant à la nature de sa créance et quant à la faveur qu'elle présente.

Quant au motif tiré de ce que les fournisseurs de

subsistances *pourraient encore le plus souvent* venir utilement en ordre, il paraîtra peu concluant à ceux qui seraient exposés à perdre leurs créances.

Je conviens, au reste, que la possession est un titre, mais non pas qu'il soit *le meilleur des titres*, comme le dit l'arrêt ; je n'en voudrais pour preuve que l'art. 2279 lui-même (*v. n.* 35), invoqué par la cour de Caen; sans doute, *à titre égal*, le possesseur doit être préférée, même lorsque le titre du non possesseur est antérieur en date, ainsi que l'exprime l'art. 1141 (*v. n.* 35) encore cité, par la cour : mais les titres du fournisseur de subsistances et du locateur, sont-ils *égaux ?* telle est la question. Or, l'arrêt que nous examinons ne le soutient pas, ne va pas jusqu'à le soutenir; il s'arrête à dire que le titre du locateur est *à peu près* de même nature et mérite *à peu près* la même faveur que celui du fournisseur de subsistances. — N'est-ce pas là encore une fois reconnaître son infériorité ? *V. n.* 2 et 3 *ci-dessus, et* 6 *ci-après; voyez aussi mon tableau des priviléges de créances*, imprimé dans le recueil des arrêts de M. Sirey, t. 16 — 2 — 372, tableau, par parenthèse, que MM. Delvincourt, t. 3, p. 58, et Grenier, traité des hypothèques, t. 2, p. 269, à la note, attribuent par erreur à M. Paillet, qui l'a seulement reproduit.

== 5. Si aux termes des articles 2101 et 2105 code civil (*v. n.* 35), combinés ensemble, il est vrai que le privilége que réclame un créancier pour fournitures de subsistances, ne peut être pris sur les immeubles, qu'après qu'il l'a exercé préalablement sur le mobilier, l'on doit présumer que ce créancier a fait tout son possible pour obtenir le paiement de sa créance privilégiée sur le mobi-

lier-de son débiteur; l'on doit croire à sa bonne foi
et à sa diligence jusqu'à ce qu'il soit prouvé qu'il
a agi par fraude, collusion ou négligence grave, en
ne se faisant pas payer sur le mobilier qui a pu se
trouver entre les mains du débiteur.

9 juin 1842, cour royale de Limoges. — S. 43 —
2 — 10.

L'on doit croire à sa bonne foi. — Autrement on
obligerait le créancier à des procédures d'exécution
longues, dispendieuses, souvent sans résultat utile,
et dont il aurait à supporter les frais en sus des
risques qu'il courrait de perdre sa créance en principal et intérêts. — Autant et mieux vaudrait lui
refuser, *à priori*, un privilége sur les immeubles.

== 6. En cherchant à pénétrer la pensée du législateur sur l'art. 2101, n. 5, code civil (*v. n.* 35),
l'on voit que, par un sentiment d'humanité bien
entendu, il a voulu procurer à un débiteur les
moyens d'assurer son existence et celle de la famille qui l'entoure ; mais qu'en accordant un pareil
avantage ou bienfait, il ne peut pas être présumé
avoir eu l'intention de lui donner une extension
démesurée, et qui pourrait tendre à compromettre
les intérêts légitimes des tiers qui auraient contrac-
té légalement avec le débiteur, et dans la prévision
ou l'opinion raisonnable que les fournitures de
subsistances faites à celui-ci n'auraient droit au
privilége concédé, qu'autant qu'elles auraient été
accomplies dans l'année du décès du débiteur ou
de l'événement quelconque qui donne lieu à l'ouverture du privilége et à l'exercice des droits de
tous les créanciers. Vouloir étendre le privilége
aux fournitures qui remontent à une époque anté-
rieure à la dernière année, ce serait donner une
fausse et dangereuse interprétation audit art. 2101,
p. 5, en créant ainsi un droit privilégié, illimité, et

dès lors exorbitant, au préjudice de créanciers sincères, et qui, pleins de confiance dans leur bon droit, auraient pris les précautions les plus minutieuses pour conserver utilement leurs créances.

19 juin 1842, cour royale de Limoges.—S.43—2—10.

V. ci-dessus, n. 1ᵉʳ.

═══ 7. L'art. 2101, n.5, code civil (*v.n.*35), n'accorde de privilége aux fournisseurs de subsistances, (tels que les boulangers et autres) que pour les derniers six mois ; cette dernière période s'entend de celle qui précède immédiatement celle où il est notoire que le patrimoine du débiteur commun est insuffisant pour payer les créanciers ; le principe ne fléchit qu'au cas où il est formé action dans les six mois de la livraison.

28 août 1844, cour royale de Bordeaux.— S. 45 — 2 — 497.

V. ci-dessus, n. 1ᵉʳ.

═══ 8. *Ville de Paris.* La ville de Paris a privilége sur le cautionnement des bouchers et sur la valeur estimative des étaux rachetés (*v. n.* 30 et 31).

6 février 1811, décret impérial. — S. 12 — 2 — 130.

═══ 9. Lorsqu'un boulanger de Paris quitte son commerce par l'effet d'une faillite, ou pour contravention à l'arrêté du 19 vendemiaire, an x, les facteurs de la halle ont un privilége sur le dépôt de garantie (*v. n.* 17).

27 février 1811, décret impérial. — S. 12 — 2 — 101.

PRIVILÉGE EXCLUSIF DE BOUCHERIE. — Une commune ne peut concéder de privilége exclusif de boucherie à un citoyen, ni empêcher les autres bouchers de vendre concurremment aveclui de la viande. Une pareille concession ne peut jamais avoir d'existence légale.

25 avril 1807, décret approuvé le 31 mai suivant. — S. 16 — 2 — 262.

V. N. 2. Inscription à la Mairie, Liberté de l'industrie.

QUITTANCE DU DROIT D'OCTROI.— Quand le règlement d'octroi d'une ville impose aux bouchers et charcutiers l'obligation de représenter aux employés, lors de leurs exercices, la quittance de droit par eux payé, pour le bétail ou viande qu'ils introduiraient, le défaut de représentation de la quittance du droit, au moment de l'exercice, constitue de la part des bouchers et charcutiers, une contravention formelle au règlement, et les rend passibles de l'amende (*v. n.* 39, *art.* 471 *n.* 15).

Cette contravention ne saurait être couverte par la représentation de la quittance faite postérieurement et pendant les poursuites. Si cette représentation tardive pouvait faire naître des présomptions de bonne foi, ce serait aux maires, et non aux tribunaux que l'ordonnance du 9 décembre 1814, art. 83 (*v. n.* 23), confèrerait le droit de les apprécier, par forme de transaction, après les condamnations prononcées. Mais, dans tous les cas, le défaut de représentation de la quittance, au moment de l'exercice, entraîne nécessairement la condamnation à l'amende.

31 janvier 1829, cour de cassation. — S. 29 — 1 — 104.

Le défaut de représentation de la quittance. — Cette représentation a pour objet de s'assurer si les droits ont été payés, c'est à dire si le règlement de l'octroi n'a pas été violé à l'entrée (*v. n.* 39, *art.* 471, *n.* 15).

V. mesurage.

REVENDEURS. (*Lieu et heure de leurs achats*). — Si un règlement municipal défend aux revendeurs non seulement d'acheter au marché, avant dix heures, aucune des denrées qui y sont exposées en vente, mais en outre, d'aller hors des portes attendre ceux qui viennent au marché, afin d'acheter les denrées qu'ils y apportent; en renvoyant les contrevenants des poursuites dirigées contre eux à ce sujet par le ministère public, sous le prétexte que l'achat ayant eu lieu dans leurs domiciles, où les vendeurs s'étaient rendus de leur chef, ne constituerait point une contravention punissable d'après l'art. 159 code d'instruction criminelle (*v. n.* 38), un tribunal fait une fausse application de cet article et viole ouvertement le susdit règlement dont le devoir du tribunal de police est d'assurer l'exécution (*v.* 39, *art.* 471 *n.* 15).

13 mai 1830, cour de cassation. — S. 30 — 1 — 373.

Non seulement d'acheter au marché, avant dix heures... Mais en outre d'aller hors des portes attendre ceux qui viennent au marché. — Le revendeur qui avait acheté dans *son domicile*, n'avait véritablement pas contrevenu à la lettre du règlement, mais il avait évidemment contrevenu à son esprit qui était de donner un temps de faveur à l'approvisionnement des particuliers, et quand la loi (ou un règlement) défend de faire directement, elle défend par cela même de faire indirectement, autrement la répression serait à la merci d'une ergoterie puérile.

SUBSTANCES NUISIBLES. — L'emploi du vitriol, dans la fabrication du pain, et par suite, le mélange d'une substance *nuisible* à la santé des consommateurs, est un fait qui rentre évidemment dans les cas prévus par les art. 20 de la loi du 22 juillet 1791 (*v. n.* 7), et 605, n. 5, du code du 3 brumaire an IV (*v. n.* 39 , *art.* 475, *n.* 14, 477, *n.* 4, 478), qui prononcent des peines de police contre ceux qui *exposent en vente des comestibles gâtés, corrompus ou nuisibles*; ces articles n'ont été abrogés ni modifiés par le code pénal, ni par aucune loi postérieure; ils ont , en conséquence, aux termes de l'art. 484, code pénal (*v. n.* 39), conservé toute leur autorité.

21 mai 1829, cour de cassation. — S. 29 — 1 — 249.

Ces articles n'ont été ni abrogés ni modifiés par le code pénal. — Au contraire; *v. n.* 39, *art.* 475, *n.* 13, 477, *n.* 4, 478.

SUIF. (*fonte de*) — Aux termes de l'art. 1er du décret du 15 octobre 1810 (*v. n.* 20), les manufactures établies qui répandent une odeur insalubre ou incommode, ne peuvent être formées sans une permission de l'autorité administrative; l'ordonnance royale du 14 janvier 1815 (*v. n.* 25), a rangé les fonderies de suif en branche dans la catégorie des établissements insalubres et dangereux de 1re classe, à cause de l'odeur désagréable et du danger du feu; les inconvénients et les dangers que les décrets et ordonnances précités ont eu pour objet de prévenir, existent dans tout établissement ou s'effectue la fonte des suifs en branche, quelle que soit l'importance de cet établissement; il importe peu que ce suif provienne de l'exploitation de l'industrie des bouchers qui établissent des fonderies dans des locaux et dépendances de leurs demeures, puisqu'au contraire, ce genre d'établissement multiplie et dissémine dans toutes les parties d'une ville les causes d'insalubrité qui en résultent, par conséquent il doit être soumis, comme les établissements plus considérables de la même nature, à la permission préalable de l'autorité administrative.

14 octobre 1843, cour de cassation.— S. 43 — 1 — 935.

TAXE — *Usage local.* Un usage local sur le prix du pain ne peut suppléer la taxe qui doit être faite par l'autorité municipale. Dès-lors, le boulanger n'est passible d'aucune peine par cela seul qu'il a vendu du pain au-dessus du cours admis par l'usage (*v. n.* 39 , *art.* 479, *n.* 6).

14 novembre 1840, cour de cassation. S. 41. — 1 — 480.

Au dessus du cours admis par l'usage. L'article 471, n° 15 (n° 29), ne punit que ceux qui auront contrevenu aux réglements légalement faits par l'autorité administrative , et l'art. 479, n° 6, (v. n° 39), que les boulangers et bouchers qui vendront le pain ou la viande au-delà du prix fixé par *la taxe légalement faite et publiée.* — Dans tout cela il ne s'agit pas d'usage.

= 2. *Prix du pain.* — *Exécution provisoire du règlement; recours auprès de l'autorité supérieure.* — L'art. 3 du titre ii de la loi des 16-20 août 1790, plaçait au nombre des objets de police confiés à la vigilance et à l'autorité des corps municipaux, l'inspection sur la fidélité du débit des denrées qui se vendent au poids et sur la salubrité des comestibles mis en vente publique; suivant l'article 6 du titre 1er de la loi du 19-22 juillet 1791 (*v. n.* 7), le corps municipal pouvait sous le nom et l'intitulé de délibérations et sauf la réformation, s'il y avait lieu, par l'administration du département, sur l'avis de celle du district, faire des arrêtés, lorsqu'il s'agissait d'ordonner les précautions locales sur les objets confiés à sa vigilance et à son autorité par les art. 3 et 4 du décret du 16 août. Ces attributions ont été transportées aux maires par les lois subséquentes, notamment par celle du 17 février 1800 (28 pluviose an VIII); il a été constamment reconnu que ces attributions comprenaient le droit et l'obligation de fixer le poids et le prix du pain, ce qui résulte d'ailleurs expressément des dispositions de l'art. 30 du titre I de ladite loi des 19-22 juillet 1791, et ce qui est confirmé par l'art, 479, n. 6, code pénal (*v. n.* 39) ; il n'est dit nulle part que ces sortes de mesures réglementaires, dont l'exécution doit nécessairement être immédiate, ne seront pourtant obligatoires qu'après avoir reçu l'approbation du ministre de l'intérieur; et si une ordonnance royale contenant règlement sur l'exercice de la profession de boulanger, dans une ville, semble avoir reçu une disposition contraire, on n'en peut pas induire une dérogation aux lois qui, en cette matière, fixent les attributions des maires et les seules conditions attachées à l'exercice de ces attributions, ce qui, du reste, ne touche en rien au droit de recourir auprès de l'autorité supérieure contre le règlement dont les parties intéressées, croiraient avoir à se plaindre; au surplus, toutes les difficultés seraient levées, à cet égard, par l'ar. 11 de la loi du 18 juillet 1837 (*v. n.* 32) qui, en autorisant les maires à prendre des arrêtés, à l'effet d'ordonner les mesures locales pour les objets confiés par les lois à leur règlement et à leur autorité, dispose seulement que ces arrêtés sont immédiatement adressés au sous-préfet, et que le préfet peut les annuler ou en suspendre l'exécution.

Au reste, le recours formé par les boulangers, contre l'arrêté municipal qui fixe le poids du pain, n'autorise pas le juge de simple police à surseoir au jugement à rendre sur les contraventions. Ce recours ne soulève pas une de ces questions préjudicielles de propriété qui appellent l'application de l'art 182 du code forestier (*v. n.* 40); l'arrêté dont il s'agit, étant de sa nature exécutoire tant qu'il n'a pas été réformé, ainsi que cela vient d'être établi, sa réformation ultérieure n'effacerait pas une contravention commise antérieurement.

1 avril 1841, cour de cassation. — S. 42.—1—53.

Le droit et l'obligation de fixer le poids et le prix du pain—Ce qui comprend implicitement et nécessairement le droit et l'obligation de fixer les *matières* qui doivent entrer dans les pains de 1re, 2e et 3e qualité. — C'est peut-être ce qui est un peu négligé; et cependant de quel mérite sont les deux premiers points, si celui qui doit servir de base à la taxe, est abandonné à la bonne foi du boulanger?

Ne seront pourtant obligatoires qu'après avoir reçu l'approbation du ministre de l'intérieur. — L'article 11 dit seulement que les règlements *permanents* ne seront exécutoires qu'un mois après la remise de l'ampliation constatée par les récépissés donnés par le sous-préfet. — L'approbation du ministre ou de tout autre n'est pas requise — Le règlement, le mois passé, ne peut être arrêté dans son exécution que par un acte de l'autorité supérieure qui le casse. *V. marque du pain.*

═══ 3. *Tentative de vente au-dessus de la taxe.* — L'art. 479, n. 6, code pénal (*v n.* 39), ne punit que les boulangers et bouchers qui vendent le pain ou la viande au-delà des prix fixés par la taxe; la tentative d'une contraven-

n'est assimilée par aucune loi à la contravention elle-même; ainsi l'exposition en vente de pain n'ayant pas le poids fixé par le règlement, ne peut être assimilée à la vente de ces mêmes pains pour le poids qu'ils devraient avoir; vente qui seule pourrait rentrer dans les dispositions dudit art. 479, n. 6; cette exposition ne peut être punie, lorsqu'elle a lieu au mépris d'un règlement de police, que suivant l'art. 471, n. 15, code pénal (*v. n.* 39).

4 octobre 1839, cour de cassation. — S. 40 — 1 — 189.

La tentative d'une contravention. La contravention dans l'échelle des lois criminelles, est le fait le moins grave. — Qu'est-ce donc que la *tentative* d'une contravention? Un fait qui mérite d'autant plus indulgence et oubli de la part du juge que l'article 3 du code pénal, porte que les tentatives des délits eux-mêmes ne seront considérés comme *délits* que dans les cas déterminés par une disposition spéciale de la loi.

TROMPERIE SUR LA NATURE OU LA QUALITÉ. — Quand un tribunal, en appréciant les faits établis par l'instruction de la cause, a reconnu et déclaré qu'il en résultait que l'acheteur aurait été trompé sur la *qualité* du méteil (par exemple) à lui livré, et non sur la *nature* même de la marchandise vendue et livrée; dans l'état des faits ainsi constatés, le jugement en renvoyant le vendeur de la poursuite dirigée contre lui, loin de violer l'article 423 du code pénal, (*v. n*º 39), n'en fait au contraire qu'une juste application.

22 juin 1844, cour de cassation. — S. 44 — 1 — 771.

La qualité du méteil. La tromperie sur la *qualité* des choses vendues n'est punissable, aux termes de l'article 423 du code pénal (n° 39), que lorsqu'il s'agit de choses que les gens du métier seuls peuvent apprécier ; encore ces choses sont-elles limitées à deux : les matières d'or et les pierres précieuses. Quand aux autres marchandises, la tromperie n'est punissable qu'autant qu'elle tombe sur la *nature* de ces marchandises : par exemple, si croyant acheter une montre d'or, vous me vendez sciemment une montre de cuivre.

La tromperie sur la qualité du méteil n'est pas d'ailleurs admissible en fait, puisque cette qualité frappe d'abord les yeux de l'acheteur. Sous ce double rapport on ne peut donc pas dire qu'en pareille matière le vendeur a trompé l'acheteur ; il a seulement fait valoir sa marchandise. — C'est l'acheteur qui s'est trompé lui-même.

Cependant, s'il y avait eu *filouterie*, par exemple si le méteil avait été acheté à la pochée, et que le vendeur eut répandu à la tête des poches une couche de bon méteil sur d'autres couches de seigle ou à peu près, il y aurait lieu à l'application de l'art. 401 (n°. 39, voir aussi l'introduction, où je rapporte l'art. 51 de l'ordonnance de 1350 sur ce genre de fraude).

Au reste, cela ne veut pas dire qu'en droit civil (et cette observation est générale), si vous m'avez vendu du méteil de 1re qualité que je n'ai ni vu ni accepté, vous pourrez m'obliger à prendre livraison de méteil de qualité inférieure, car ce ne serait pas là me livrer la chose vendue et achetée (art. 1604 et 1434 code civil).

VENTE AU POIDS, AU COMPTE OU A LA MESURE. — 1. Dans ces ventes, la transmis-

sion de propriété a lieu dès l'instant du contrat;
elle n'est pas suspendue jusqu'au pesage ou mesurage. — Pardessus, t. 2, n° 297; Merlin, Repert,
v° vente, t. 4, n° 2, note; Favard, v. faillite,
t. 13, n° 3; Duranton, t. 16, n° 92; Duvergier,
t. 1, n° 83. — *Contra*, Trolong, t. 1, n° 86 et
suivants.

2. Cependant si les marchandises viennent à
périr avant qu'elles aient été pesées, mesurées
ou comptées, la perte en est pour le vendeur,
alors même qu'elles auraient également péri chez
l'acheteur. — Duvergier, t. 1, n° 87.

La perte en est pour le vendeur. Pourquoi cela ?
Parce que si le lien de droit est parfait dès-lors, la
quotité transmise reste incertaine cependant jusqu'à
ce que les choses vendues soient pesées, comptées ou
mesurées, *opérations toutes à la charge du vendeur.*
Art. 1585 et 1608 code civil (v. n° 35).

VICES RÉDHIBITOIRES. — 1 La loi sur les vices
rédhibitoires (*v. n°* 33), n'a point dérogé aux dispositions du code d'instruction criminelle, qui permet aux personnes lésées par un délit, d'en obtenir
la réparation en intervenant dans les poursuites
dirigées par le ministère public, même après
l'expiration des délais fixés par la loi civile, s'il y
a eu dol.

22 novembre 1839, cour royale de Rouen. —
S. 40. — 2. — 199.

S'il y a eu dol. Par exemple, si à l'aide de certains moyens vous avez fait disparaître certaines in-
firmités qui doivent reparaître nécessairement après
la vente. Règle : la loi excepte toujours le dol quand
elle dispose ; (v. n° 39, *art. 401 et ci-après n°* 3).

— 2. La loi du 20 mai 1838 (*v. n.* 33), n'a

apporté aucune modification à la disposition de l'art. 1648, code civil (*v. n.* 35); elle a eu seulement pour objet d'en régler l'exercice en prescrivant pour toute la France un délai uniforme , suivant la nature des vices rédhibitoires; il faut donc co-ordonner entr'eux les art. 1648, code civil, 3 et 5 de la loi du 20 mai 1838 (*v. n.* 33); l'art. 3 de la loi du 20 mai 1838 porte que le délai pour intenter l'action rédhibitoire sera de tant de jours , non compris celui fixé pour la livraison; si l'art. 5 veut que, dans tous les cas, l'acheteur, à peine d'être non recevable, soit tenu de provoquer dans les délais de l'art. 3 la nomination d'experts chargés de dresser procès-verbal , ces deux articles n'ont rien d'inconciliable entr'eux, et l'art. 5 ne déroge pas à l'art. 3 ; les deux formalités prescrites par ces deux articles, sont distinctes et doivent être toutes les deux remplies dans le délai prescrit par la loi.

25 mars 1840, cour de cassation. — S. 40—1—431.

══ 3. S'il n'est point établi que des manœuvres frauduleuses aient été employées par le vendeur pour engager l'acheteur à acheter des bestiaux affectés de maladies contagieuses, mais non reconnues par la loi du 20 mai 1838 (*v. n.* 33), comme étant un vice rédhibitoire; dès-lors le marché est inattaquable.

11 janvier 1842, cour royale de Bourges.—S. 43 —2—1.

S'il n'est point établi. — Donc si les manœuvres frauduleuses sont établies, le marché sera attaquable, que les vices soient ou non classés rédhibitoires peu importe. *V. ci-dessus* , *n.* 1. Cela est équitable et conforme aux saines doctrines sur le dol.

══ 4. Si la loi du 20 mai 1838 (*v. n.* 33), ne contient aucune disposition relative au serment, on ne peut induire du silence de cette loi rien autre chose si ce n'est qué les formalités prescrites par le code de procédure, en matière d'expertise, seront observées; ainsi, les experts prêteront serment; ce point a été positivement reconnu lors de la discussion de la loi, et ne peut être l'objet d'aucun doute; il suit de là qu'un expert n'ayant pas prêté serment, son procès-verbal doit être anéanti.

Toutefois, cette nullité ne peut avoir pour résultat de faire rejeter, comme n'étant pas recevable, l'action de l'acheteur; en effet, si, aux termes de l'art. 3 de la loi précitée, l'action rédhibitoire, lorsqu'il s'agit de boiterie intermittente pour cause de vieux mal, par exemple, doit être intentée dans le délai de neuf jours, sous peine de n'être plus recevable, et si, sous la même peine, d'après l'article 5, l'acheteur doit, dans le même délai, provoquer la nomination d'experts, il ne s'ensuit pas que cette peine soit également applicable lorsque les experts n'ont pas fait ou commencé dans les neuf jours l'opération dont ils sont chargés; l'art. 5, à cet égard, ne manifeste qu'un vœu, c'est que les experts opèrent dans le plus bref délai; il résulte de ces principes que le procès-verbal de l'expert étant annulé, faute de serment, rien dans la loi ne met obstacle à ce que de nouveaux experts soient nommés, quel que soit d'ailleurs l'inconvénient résultant du défaut de procès-verbal régulier dans un bref délai.

Si, d'ailleurs, le vendeur a promis une garantie générale pour le cas de boiterie, les experts ne doivent pas seulement rechercher si l'animal vendu est atteint du vice rédhibitoire de boiterie intermittente pour cause de vieux mal, mais constater encore toute espèce de boiterie, et en indiquer la cause et la date.

24 août 1842, cour de Rouen.—S. 43 — 2 — 51.

Le vendeur a promis une garantie générale. —
Les conventions légalement formées, tiennent lieu de
lois aux parties, art. 1134, code civil.

=== 5. En droit, l'art. 1er de la loi du 20 mai
1838 (*v. n.* 33), met au nombre des cas rédhibitoires l'ancienne maladie de poitrine ou vieille cour-
bature ; un tribunal peut se fonder pour appliquer
cet article, sur une première expertise, quoiqu'une
seconde expertise ait eu lieu ultérieurement sur la
demande en garantie, et que les seconds experts
aient été diamétralement opposés aux premiers.
22 novembre 1842, cour de cassation. — S. 43
— 1 — 58.

**Et que les seconds experts aient été diamétra-
lement opposés aux premiers.** — Les juges ne sont
point astreints à suivre l'avis des experts, si leur
conviction s'y oppose, art. 323, code de procédure.
Mais il peut paraître bisarre que des juges revien-
nent au sentiment des premiers experts après avoir
ordonné une seconde expertise, ce qui suppose qu'ils
n'ont pas trouvé des renseignements suffisants dans
le premier procès-verbal (art. 322 code de procédure). Toutefois, il n'est pas impossible que le rap-
prochement des deux procès-verbaux et de nouvelles explications des parties, ne rendent les juges à la
fin, à l'opinion des premiers experts qu'ils n'avaient
pas d'abord suffisamment appréciée ou comprise.

=== 6. Quand une cour royale décide, par
une interprétation qui lui appartient souveraine-
ment, que, d'après l'acte de vente d'un cheval,
ce n'est point une garantie limitée, aux termes de
la loi du 20 mai 1838 (*v. n.* 33); mais une garantie

spéciale s'appliquant à toute espèce de boiterie ,
qui a été stipulée entre les parties , les dispositiors
de ladite loi , ne sont pas applicables.

20 juillet 1843, cour de cassation. — S. 43 — 1
— 802.

D'après l'acte de vente. — C'est toujours à la
convention, avant tout, qu'il faut s'attacher. — Art.
1134, code civil *v. n. 4 ci-dessus.*

== **7.** Les droits respectifs des vendeurs et
acheteurs de certains animaux désignés, sont l'objet
de la loi du 20 mai 1838, (*v. n.* 33); les dispositions
qu'elle contient ont été préparées et attendues assez
longtemps dans l'intérêt tutélaire de l'éducation et
du commerce de ces animaux , précédées d'in-
vestigations et de discussions, qui constatent la sollicitude du gouvernement et des chambres pour la
sécurité des personnes qui se livrent à ces ventes
et achats, et pour assurer l'activité et la circulation
des capitaux ou sommes considérables qui sont
employés dans cette partie du commerce ; la spécialité de cette loi et sa date postérieure impriment
aux différences qui se trouvent entre ses dispositions
et le titre de la vente au code civil , un caractère
de dérogation qui ne permet pas d'appliquer, quant
à ces différences , les dispositions de ce titre aux
objets spécialement réglés par la loi nouvelle; l'art.
2 de cette loi déclare que l'action en réduction du
prix ne peut plus être exercée en cette matière ;
cette disposition a été prescrite ainsi qu'on le voit
dans le rapport de la commission de la chambre des
députés, afin de protéger les vendeurs contre les
prétentions que la menace de l'action rédhibitoire
de la part de nombre d'acheteurs favorisait par
l'intimidation des vendeurs amenés ainsi sans motifs
sérieux à des compositions onéreuses et injustes;
l'action en dommages-intérêts, remplacerait avan-

tageusement pour les acheteurs déchus de l'action rédhibitoire et privés généralement de l'action en réduction de prix, chacune de ces actions, et accuserait l'inutilité de la déchéance et de la suppression qu'établit la loi spéciale déjà citée; il est impossible de concilier avec cette action et la suppression de celle-ci, et la déchéance après le délai de l'autre; ainsi il faut conclure que l'acheteur ne peut être reçu au moyen de l'action en dommages-intérêts, à obtenir ce que la loi lui dénie absolument dans un cas et par l'événement du délai dans l'autre; ce n'est que dans l'intérêt de la société qu'est intervenue la décision souveraine sur l'action répressive.

23 décembre 1843, cour royale d'Aix. —S. 44 —2 — 303.

Afin de protéger les vendeurs. — Le législateur fait ce qu'il peut et non pas ce qu'il veut. S'il a défendu le vendeur contre *l'intimidation* résultant d'une demande en dommages-intérêts, il ne l'a pas également fortifié contre l'intimidation résultant d'une demande en nullité mal fondée; le motif de l'intimidation est donc seulement déplacé, et si l'on veut restreint. *V. le n. ci-après.*

=== 8. La loi du 20 mai 1838 (*v. n. 33*), n'a eu pour objet que de fixer les délais dans lesquels pourraient être intentés les actions civiles résultant des vices rédhibitoires, en dehors des cas où la dissimulation de ces vices constituerait un délit; cette loi n'a point dérogé aux dispositions du code d'instruction criminelle, qui autorisent une personne lésée par un délit à en demander la réparation.

16 mars 1844, cour royale de Paris.— S. 45 — 2 — 30.

Constituerait un délit. — Autre chose est un délit, autre chose une vente simplement annulable; c'est ce qu'il faut bien saisir surtout en cette matière ou le délit est si fréquent et si rarement invoqué par la partie trompée ; disons pourtant que quand le *délit* (le dol) n'est pas évident, il est prudent de s'en tenir à l'action rédhibitoire. *Voir pour le cas de fraude, l'art. 1116 code civil (n. 35).*

== 9. Le délai de droit comme le délai de distance , en matière d'action rédhibitoire , sont déterminés d'une manière claire et précise par la loi du 20 mai 1838 (*v. n.* 33); d'après l'article 3, le délai de droit est, en général, et sauf quelques exceptions, de neuf jours ; d'après l'article 4 , ce délai doit être augmenté d'un jour par 5 myriamètres de distance du domicile du vendeur au lieu où l'animal se trouve; il résulte évidemment de ces expressions que la distance à considérer pour la fixation du délai est celle qui existe entre le domicile du vendeur et le lieu où l'animal se trouve au moment où l'action est intentée.

13 janvier 1845, cour de cassation.— S. 45 — 1 — 8.

Le lieu où l'animal se trouve au moment où l'action est intentée.— C'est de ce lieu que la pensée de former action est présumée partir, ainsi que la connaissance du vice. Donc l'augmentation de délai doit être calculée sur la distance qui existe entre ce lieu et le domicile du vendeur.

== 10. La loi du 20 mai 1838 (*v. n.* 33), spécifie et limite les cas qui doivent être réputés vices rédhibitoires; l'art. 1er déclare que ces cas donneront seuls ouverture à l'action résultant de l'art. 1641 code civil (*v. n.* 35), dans les ventes et échanges de certains animaux domestiques; il suit de là que l'action rédhibitoire ne peut être intentée hors de ces cas formellement spécifiés par la loi de 1838 ; un jugement ne peut donc résilier une vente et ordonner la restitution du prix d'un animal sans déclarer l'existence d'un vice spécifié et allégué, ou sans spécifier les manœuvres qui, hors des cas prévus par la loi du 20 mai 1838 et aux termes de l'art. 1116, code civil (*v. n.* 35), auraient pu vicier le contrat.

7 avril 1846, cour de cassation.—S. 46 — 1 — 298.

Aux termes de l'art. 1116, code civil.— Ainsi , bien entendu que le cas de dol est excepté. Mais quel sera le délai dans lequel l'action devra être exercée, en cas de dol ? Sera-ce dix ans d'après l'art. 1304 , code civil (*v. n.* 35) ; sera-ce trois ans d'après l'art. 638, code d'instruction criminelle (*v. n.* 38) ; sera-ce dans un bref délai, suivant la nature des vices et l'usage du lieu où la vente a été faite , aux termes de l'art. 1648 code civil (*v. n.* 35) ; j'inclinerais à croire que ce sera dans le délai de trois ans, si le demandeur prend la voie correctionnelle, et dans le délai de dix ans, s'il a recours à l'action civile. —Il ne s'agit pas en effet dans l'espèce *d'un vice rédhibitoire, mais d'un dol et d'une filouterie* ; mais je ne prétends pas conseiller , pour cela, d'attendre aussi longtemps pour former action , il s'en faut ; en pareille matière, le plutôt est sans contredit le meilleur — attendre , c'est s'exposer à voir élever une question de prescription, à se laisser surprendre par la mort de l'animal ou des témoins , et tout au moins c'est paraître édifier une chicane sur une vieille recherche, ce qui indispose d'abord le magistrat.

== **11.** L'art. 3 de la loi du 20 mai 1838 (*v. n.* 33), a eu pour objet de préciser d'une manière uniforme pour toute la France le bref délai dans lequel l'action rédhibitoire devait être intentée, aux termes de l'art. 1648, code civil (*v. n.* 35) ; pour le vice rédhibitoire appelé fluxion périodique des yeux, ledit article porte que le délai sera de 30 jours ; si l'art. 5 de la même loi exige que, dans tous les cas, l'acheteur provoque, dans le même délai, la nomination d'experts pour constater le vice rédhibitoire allégué, cette seconde prescription ne déroge pas à la première, et en conséquence elles doivent toutes deux être exécutées dans le délai établi par la loi, sans que l'une puisse suppléer l'autre.

5 mai 1846, cour de cassation. — S 46 – 1 — 431.

Cette seconde prescription ne déroge pas à la première . — C'est à dire qu'il est indispensable que l'action et la requête à fin de nomination d'experts soient introduites et présentées dans le même délai d'un mois.

== **12.** L'administration du domaine militaire est placée sous la surveillance directe du ministre de la guerre, dont les préposés ou agents ont spécialement le droit, chacun dans les limites des pouvoirs qui lui sont délégués, d'agir devant les tribunaux, dans l'intérêt de l'état et pour la conservation de ce domaine ; cela résulte de l'art. 13, titre 1ᵉ, et de l'art. 1ᵉʳ, titre 4, de la loi du 10 juin 1791, et spécialement de l'art. 69, code de procédure (*v. n.* 36) ; les assignations, pour objets concernant le domaine militaire, doivent être données aux agents de l'administration de la guerre, ou intentées par eux, et le nᵒ 1ᵉʳ du même article, qui donne aux préfets le droit de représenter l'état, ne peut recevoir d'application.

En ce qui concerne spécialement l'achat des chevaux de remonte, la décision ministérielle du 3 février 1839, qui a modifié le règlement du 23 mars 1837 sur le service de la remonte générale, charge les sous-intendants militaires du soin de provoquer l'homologation des procès-verbaux constatant les vices rédhibitoires, et d'obtenir tous jugements en restitution du prix.

23 juin 1846, cour de cassation. — S. 46 — 1 — 568.

Charge les intendants militaires. — Cette exception est à noter.

== 13. *Marchés de Sceaux et Poissy.* Aux termes d'un arrêt du parlement du 4 septembre 1673, et d'une ordonnance du roi du 1er juin 1782, art. 27 (*v. n.* 1 *et* 2), les marchands forains tenant les marchés de Poissy et de Sceaux étaient garants pendant neuf jours de la mort de leurs bœufs vendus aux bouchers de Paris; ces dispositions, prises spécialement en faveur du commerce des animaux destinés à la consommation, et aussi dans l'intérêt de la salubrité publique, ont trouvé plus tard leur sanction dans les termes généraux de l'art. 1641, code civil (*v. n.* 35). — Si la loi du 20 mai 1838 (*v. n.* 33), en réglant quels seraient à l'avenir les vices rédhibitoires qui donneraient ouverture à l'action résultant de l'art. 1641, code civil, n'a point distingué entre les animaux domestiques destinés à la consommation et ceux destinés au travail, il convient, avant d'inférer de son silence l'abrogation des anciens règlements, de rechercher dans la discussion de cette loi, qu'elle a été la portée que le législateur a entendu lui donner. Si d'une part, il est vrai que, d'après l'exposé des motifs présentés par M. le ministre du commerce, cette loi devait avoir une action tellement uniforme que ceux des vices cachés dont elle ne contiendrait pas la nomenclature, ne pourraient plus être invoqués en vertu de l'art. 1641, code civil; d'une autre part, le rapport présenté au nom de la commission de la chambre des députés ne laisse aucun doute sur le sens restrictif de cette loi; on y remarque notamment qu'elle ne déroge pas aux lois de police sanitaire, qu'elle ne réglera que les marchés où la convention ne sera pas intervenue expresse ou tacite, et qu'elle laisse de côté les questions d'interprétations des conventions; par exemple, celle de savoir ce qu'il faudra décider quand l'animal aura été vendu comme sain et net, et quand il l'aura été pour la consommation et non pour le travail. C'est sur la foi de ces explications que la loi a été votée; il en ressort, ainsi que de la discussion qui l'a précédée, qu'elle était destinée à mettre un terme aux inconvénients qui résultaient de l'appréciation des vices rédhibitoires et des fixations des délais, d'après les usages des différentes provinces, en limitant pour l'avenir ces vices à ceux que la science signale le plus ordinairement; mais elle devait laisser à la jurisprudence l'appréciation des diverses natures de conventions que la loi ne peut ni prévoir, ni régler. Les bœufs vendus à Poissy doivent être immédiatement livrés à la consommation. Il est interdit aux bouchers de livrer des animaux morts; la convention tacite ressort évidemment d'un marché de cette nature, où il s'agit moins d'un animal domestique que d'une marchandise dite viande sur pied, d'où résulte qu'il y a lieu de déclarer nulle la vente faite auxdits marchés d'un bœuf, décédé dans les neufs jours d'une maladie contractée avant la vente.

18 mai 1839, cour royale de Paris. — S. 39 — 2 — 377.

C'est sur la foi de ces explications que la loi a été

votée. — Ainsi la loi de 1838 ne s'appliquerait pas au cas où l'animal aurait été vendu : 1°. Avec garantie particulière ; 2°. Pour la consommation. — Cette seconde exception mérite être remarquée *v. n.* 14 *ci-après.* 3° Le cas de dol est aussi excepté (*v. les n. ci-dessus.*

══ 14. L'arrêt de règlement rendu par le parlement de Paris, le 4 septembre 1673, renouvelé par un autre arrêt de règlement du 13 juillet 1699 (*v. n.* 1ᵉʳ), et confirmé par une ordonnance du roi du 1ᵉʳ juin 1782 (*v. n.* 2), constitue un règlement spécial aux marchés de Sceaux et de Poissy, qui approvisionnent la ville de Paris, régie, à plusieurs égards, par des règlements exceptionnels; en consultant soit les termes, soit l'esprit des dispositions législatives précitées, on demeure convaincu qu'elles n'ont point eu pour but essentiel de déterminer, au point de vue du droit civil, des vices rédhibitoires en matière de vente d'animaux, vices que l'ancienne législation, comme le code civil lui-même avant la loi du 20 mai 1838 (*v. n.* 33), abandonnait à l'usage des lieux. En effet, lesdites dispositions, outre qu'elles ne s'appliquent qu'à une espèce d'animaux et à deux marchés, manifestement dans le rapport qu'ils ont avec la ville de Paris, ne sauraient s'expliquer par les principes relatifs à l'action rédhibitoire. La responsabilité à laquelle elles soumettent les marchands de bœufs envers les bouchers, pendant un délai fixe, a lieu pour toute espèce de maladies, en cas de mort des animaux seulement, et à la charge de certaines mesures prescrites aux bouchers, relativement à la conduite à Paris et à la nourriture des bœufs. A ce caractère il faut reconnaître un règlement exceptionnel, déterminé par des considérations particulières à la ville de Paris, fondé sur des motifs de police et de salubrité publique, et que n'a point abrogé la loi du 20 mai 1838, qui, en réglant sous un point de vue général les cas et les délais de l'action rédhibitoire, en matière de vente d'animaux, n'a voulu qu'établir dans cette partie de la législation civile une désirable uniformité.

19 janvier 1841, cour de cassation. — S. 41 — 1 242.

Il faut reconnaître un règlement exceptionnel, déterminé par des considérations particulières à la ville de Paris. — Je le crois; mais cela ne va pas jusqu'à dire, ce semble, que la loi de 1838 s'applique aux ventes faites pour la consommation dans les autres communes ; je pense qu'à l'égard de ces dernières ventes, il faut se reporter aux règlements locaux, et à défaut de ces règlements aux art. 1641 et 1648, code civil. *V. le n. 1er ci-dessus.*

VINS GATÉS. — Quand il est constaté, en fait, que des vins, mis en vente, ne peuvent être regardés comme boisson hygiénique, et doivent être regardés comme gâtés et nuisibles, c'est le cas de faire l'application des art. 475, n. 14, et 477, n. 4, code pénal (*v.* n. 79).

11 avril 1845, cour de cassation. — S. 46 — 1 — 351.

Des vins mis en vente. — La loi parle de comestibles. COMESTIBLE, *qui peut se manger,* dit l'académie ; ajoutez donc, *ou se boire,* cela paraît ressortir, si ce n'est de la lettre, au moins de l'esprit de la loi.

DEUXIÈME PARTIE.

LOIS ET ORDONNANCES

CITÉES DANS

LE DICTIONNAIRE

Et auxquelles il renvoie.

LOIS ET ORDONNANCES DIVERSES.

N° 1.

ARRÊT DE RÈGLEMENT *du 13 juillet 1699, rendu sur les requêtes des marchands forains de bestiaux pour la provision de Paris, et des marchands bouchers de cette ville (après avoir pris l'avis du lieutenant de police.)*

La cour ordonne que les marchands forains seront garants envers les marchands bouchers dans les neuf jours depuis la vente pour les bœufs, de quelque pays qu'ils viennent, et *pour toutes sortes de maladies*.... à la charge que les bouchers les feront conduire de Sceaux à Paris en troupes médiocres, par un nombre suffisant de personnes, les nourriront convenablement, et que les bouveries où ils les hébergeront, seront nettes, bien couvertes et en bon état; en sorte que la mort desdits bœufs ne puisse être causée par la faute desdits marchands bouchers, ou de ceux qu'ils préposeront à leur conduite;

et que les visites et rapports, en cas de mort dans les neuf jours, seront faits en la manière accoutumée, de l'ordonnance du lieutenant-général de police.

Que les séparations de biens d'entre les marchands bouchers et leurs femmes, ne pourront préjudicier aux marchands forains, si elles ne sont publiques avant la vente; et pour cet effet, qu'elles seront inscrites en un tableau attaché à un poteau, qui sera dressé dans le marché de Sceaux.

Pour toutes sortes de maladies — Les bestiaux amenés aux marchés de Sceaux et de Poissy sont de droit présumés destinés à la boucherie de la capitale; de là un intérêt exceptionnel à garantir les acheteurs, contre les surprises des marchands forains. Les principes applicables aux ventes des bestiaux destinés au service de l'agriculture et autres, ne sont pas applicables d'ailleurs à la vente des bestiaux destinés à la consommation; v. le dictionnaire qui précède, *vices rédhibitoires, n.* 13 et 14.

Les séparations de biens ne pourront préjudicier. Cette disposition me paraît abrogée notamment par les lettres patentes portant établissement d'une caisse pour la facilité du commerce des bestiaux aux marchés de Sceaux et de Poissy, du 18 mars 1776, et le décret relatif au commerce de la boucherie dans le département de la Seine, du 6 février 1811, où il est dit, art. 1. La caisse sera chargée de payer » comptant, sans déplacement, aux herbagers et » marchands forains le prix de tous les bestiaux que » les bouchers de Paris et du département de la Seine » achèteront aux marchés de Sceaux, de Poissy, au » marché des vaches grasses et à la halle aux veaux. »

Le marchand forain qui vendrait à crédit, agirait donc avec imprudence et dès-lors à ses périls et risques.

N° 2.

LETTRES PATENTES *contenant les statuts des bouchers, du 1ᵉʳ juin 1782.*

ART. 27. Et pour prévenir la trop grande fatigue ou le défaut de soins qui pourrait occasionner la mort des bœufs, les bouchers seront tenus de les faire conduire depuis les marchés jusqu'à Paris, en troupe peu nombreuse, et par un nombre suffisant de personnes, de les nourrir convenablement, de leur fournir de bonnes litières en toutes saisons, de les tenir à l'attache, de les héberger dans les bouveries bien couvertes et bien entretenues, le tout, conformément aux arrêts du parlement des 3 septembre 1673, 13 juillet 1699 et 15 mars 1780.

V. n. ci-dessus.

N° 3.

LOI *du 14 décembre 1789.*

ART. 50. Les fonctions propres au pouvoir municipal sous la surveillance et l'inspection des assemblées administratives sont..... de faire jouir les habitants d'une bonne police, notamment de la propreté, de la salubrité, de la sûreté et de la tranquillité, dans les rues, lieux et édifices publics.

N° 4.

LOI *du 15 mars 1790.*

ART. 19. Les droits connus sous le nom de coutumé, hallage, havage, cohue, et généralement tous ceux qui étaient perçus en nature ou en argent, à raison de l'apport ou du dépôt des grains, viandes, bestiaux, poissons, et autres denrées et marchandises dans les foires, marchés, places ou halles de quelque nature qu'ils soient, ainsi que les droits qui en seraient représentatifs sont aussi supprimés sans indemnité; mais les bâtiments et halles continueront d'appartenir à leurs propriétaires, sauf à eux à s'arranger à l'amiable, soit pour le loyer, soit pour l'aliénation, avec les municipalités des lieux; et les difficultés qui pourraient s'élever à ce sujet, seront soumises à l'arbitrage des assemblées administratives.

Seront soumises à l'arbitrage des assemblées administratives. — Cette disposition est certainement exorbitante, mais le propriétaire de la halle est averti, et il est libre de ne pas traiter sous cette condition qui lui est imposée. En pareille matière, il fallait bien accorder quelque protection aux communes, à l'égard d'une propriété exceptionnelle.

N° 5.

Loi *du 16-24 août* 1790.

Tit. XI. *De la police municipale.* **Art. premier.** Les corps municipaux veilleront et tiendront la main, dans l'étendue de chaque municipalité, à l'exécution des lois et règlements de police, et connaîtront du contentieux auquel cette exécution pourra donner lieu.

Art. 2. Le procureur de la commune poursuivra d'office les contraventions aux lois et aux règlements de police; et cependant chaque citoyen qui en ressentira un tort ou un danger personnel, pourra intenter l'action en son nom.

Les contraventions à la police ne pourront être punies que de l'une de ces deux peines ou de la condamnation d'une amende pécuniaire ou de l'emprisonnement par forme de correction, pour un temps qui ne pourra excéder trois jours dans les campagnes, et huit jours dans les villes, dans les cas les plus graves.

Art. 3. Les objets de police confiés à la vigilance et à l'autorité des corps municipaux sont :

1° Tout ce qui intéresse la sûreté et la commodité du passage dans les rues, quais, places et voies publiques; ce qui comprend la démolition ou la réparation des bâtiments menaçant ruine, l'interdiction de rien exposer aux fenêtres ou autres parties des bâtiments, qui puisse nuire par sa chute, et celle de rien jeter qui puisse blesser ou endommager les passants ou causer des exhalaisons nuisibles.

2° Le soin de réprimer et de punir les délits contre la tranquillité publique, tels que les rixes et disputes accompagnées d'ameutement dans les rues, le tumulte excité dant les lieux d'assemblées publiques, les bruits et attroupements nocturnes qui troublent le repos des citoyens.

3. Le maintien du bon ordre dans les endroits où il se fait de grands rassemblements d'hommes, tels que les foires, marchés réjouissances et cérémonies publiques, spectacles, jeux, cafés, églises et autres lieux publics.

4. L'inspection sur la fidélité du débit des denrées qui se vendent au poids, à l'aune ou à la mesure, et sur la salubrité des comestibles exposés en vente publique.

5. Le soin de prévenir par des précautions convenables, et celui de faire cesser par la distribution de secours nécessaires, les accidents et fléaux calamiteux, tels que les incendies, les épidémies, les

épizooties, en provoquant aussi dans ces deux derniers cas, l'autorité des administrations de département et de district.

*Les corps municipaux connaîtront du contentieux
auquel l'exécution des règlements donnera lieu.*—Cette
disposition est exorbitante, car elle confond dans la
même main le pouvoir de faire les règlements et le
le pouvoir judiciaire, mais il y a ici quelque reflet de
la puissance paternelle, et c'est ce qui explique la
dérogation au droit commun.

N° 6,

Loi *des 2-17 mars 1791.*

Art. 7. A compter du 1ᵉʳ avril prochain, il sera
libre à toute personne de faire tel négoce, ou d'e-
xercer telle profession, art ou métier qu'elle trouvera bon ; mais elle sera tenue de se pourvoir au-
paravant d'une patente, d'en acquitter le prix
suivant les taux ci-après déterminés, et de se conformer aux règlements de police qui sont ou pourront être faits.

Il sera libre à toute personne de faire tel négoce, etc.
Cette liberté est conforme au droit naturel. Louis XVI
l'avait proclamée le premier dans son édit de février
1776. Mais comme ses inconvénients avaient bientôt
frappé son esprit naturellement peu résolu, il était
revenu dès le 1ᵉʳ septembre suivant sur une partie
de ses dispositions. Aujourd'hui, nous devons
accepter la liberté de l'industrie avec ses avantages
et nous résigner à ses inconvénients. Qu'elles ins-
titutions humaines n'ont pas les leurs? vivre avec son
temps, est, en somme, le parti le plus sage.

Nº 7.

Loi *du 19-22 juillet 1791.*

Tit. i. Art. 20. En cas d'exposition en vente de comestibles gâtés, corrompus ou nuisibles, ils seront confisqués et détruits, et le délinquant condamné à une amende du tiers de sa contribution mobilière, laquelle amende ne pourra être au-dessous de 3 livres.

Art. 30. La taxe des subsistances ne pourra provisoirement avoir lieu dans aucune ville ou commune du royaume, que sur le pain et la viande de boucherie, sans qu'il soit permis, en aucun cas, de l'étendre sur le vin, *sur le blé*, les autres grains, ni autre espèce de denrées, et ce, sous peine de destitution des officiers municipaux.

Art. 46. Aucun tribunal de police municipale ni aucun corps municipal ne pourra faire de règlement. Le corps municipal néanmoins pourra, sous le nom et l'intitulé de délibérations et sauf la réformation, s'il y a lieu, par l'administration du département, sur l'avis de celle du district, faire des arrêtés sur les objets qui suivent :

1º Lorsqu'il s'agira d'ordonner les précautions locales sur les objets confiés à sa vigilance et à son autorité, par les art. 3 et 4 du titre xi du décret du 16 août sur l'organisation judiciaire.

2º De publier de nouveau les lois et règlements de police, ou de rappeler les citoyens à leur observation.

En cas d'exposition en vente de comestibles gâtés, corrompus ou nuisibles — V. sous le n. 39 ci-après les art. 475, n. 14, 477. n. 4, 478 code pénal.

Sans qu'il soit permis de l'étendre sur le vin, sur le blé, les autres grains ni autres espèces de denrées. Pourquoi celà? parce qu'il y a des variations notables entre telle et telle denrée de même nature, variations qui ne peuvent pas être définies dans un règlement de taxe, et de plus, parce qu'il importe qu'il y ait toute liberté entre le vendeur et l'acheteur quant au prix de ces objets de commerce.

Ne pourra faire de règlement. — V. art. 5 code civil, n. 39, *ci-après.*

N° 8.

Loi *des* 28 *septembre-*6 *octobre* 1791.

SECTION IV.

Art. 2. La servitude réciproque de paroisse à paroisse connue sous le nom de *parcours*, et qui entraîne avec elle le droit de vaine pâture, continuera provisoirement d'avoir lieu avec les restrictions déterminées à la présente section, lorsque cette servitude sera fondée sur un titre ou sur une possession autorisée par les lois et les coutumes; à tous autres égards, elle est abolie.

De paroisse à paroisse. — Mais non entre les habitants d'une même commune (V. art. 22 de la section IV de la loi du 28 décembre 1791). Pourquoi cette différence? parce qu'il y a entre ceux-ci une confraternité qui n'existe pas entre celles-là, et une réciprocité de pacage plus égale et plus appréciable V. n. 19, *ci-après.*

Nº 9.

Loi contenant des mesures répressives de tout pillage de grains, farines ou subsistances, 4 juin 1795, (16 prairial an III.)

ARTICLE 1ᵉʳ. Lorsqu'il sera commis des pillages de grains, farines ou subsistances sur le territoire d'une commune, la municipalité qui n'aura pas prévenu ou dissipé les attroupements, et tous les habitants de la commune qui n'auront pas désigné les auteurs, fauteurs ou complices du délit, seront solidairement responsables de la restitution des objets pillés, ainsi que des dommages-intérêts dûs aux propriétaires, et de l'amende envers la république.

ART. 2. Les grains, farines ou subsistances qui auront été pillés, seront restitués en nature et en pareille quantité au propriétaire, dans le délai de trois jours, et à la diligence des officiers municipaux.

ART. 3. En cas de non restitution des objets en nature dans le délai ci-dessus, les douze principaux contribuables, domiciliés de fait dans la commune, seront contraints à payer le prix desdits objets sur le pied du double de leur valeur, au cours du jour ou le pillage aura été commis, sauf le recours de ceux qui auront été contraints, contre les autres habitants de la commune, par forme de répartition au marc la livre, d'après le rôle des contributions, laquelle répartition devra être effectuée dans le courant de la décade par la municipalité.

ART. 4. Les dommages-intérêts résultant du délit ne pourront jamais être moindre que la valeur entière des grains, farines ou subsistances pillés.

Art. 5. Les délinquants seront en outre condamnés envers la république à une amende égale au montant de la valeur principale des objets pillés.

Art. 6. Dans le cas ou la municipalité, ou les habitants de la commune désigneront les coupables, ils seront traduits directement et jugés par le tribunal criminel du département, et punis selon toute la rigueur des lois.

Art. 7. En cas d'insolvabilité de ceux qui seront convaincus de pillage de grains, farines ou subsistances, tous les autres habitants seront solidairement responsables de la restitution des objets pillés, mais seulement sur le pied de leur simple valeur, et sans dommages-intérêts ni amende.

Art. 8. Dans le cas où la municipalité n'aura pas dénoncé les auteurs, fauteurs et complices des pillages, dans les vingt-quatre heures du délit commis, elle sera en son propre et privé nom, condamnée envers la nation à une amende qui ne pourra être moindre du double du prix des grains, farines ou subsistances pillés.

Art. 9. Toutes les fois que les grains, farines ou subsistances pillés seront une propriété nationale, le procureur-général syndic du département dénoncera le délit à l'accusateur public, et les prévenus seront directement traduits au tribunal criminel ; et ledit procureur-général syndic interviendra comme partie civile, pour parvenir à la restitution des objets pillés, dommages-intérêts et amende contre qui il appartiendra.

Art. 10. Lorsque les auteurs, fauteurs ou complices du délit n'auront pas été dénoncés par la municipalité ou les habitants de la commune, et qu'il n'y aura lieu qu'à des poursuites civiles, soit contre les principaux contribuables, soit contre la municipalité, l'action devra être intentée par devant le tribunal du district.

V. la loi du 10 vendémiaire an IV, n. 11 ci-après, et l'art. 440 code pénal, n. 39 ci-après.

N° 10.

Loi qui prohibe les ventes de grains en vert et pendants par racines. Du 24 juin 1795, (6 messidor an III.)

ARTICLE 1er. Toutes les ventes de grains en vert et pendants par racines sont prohibées, sous peine de confiscation des grains et fruits vendus ; casse et annule toutes celles qui auraient été faites jusqu'à présent ; en défend l'exécution sous la même peine de confiscation, dans le cas où elles seraient exécutées postérieurement à la promulgation de la présente loi.

ART. 2. La confiscation encourue sera supportée, moitié par le vendeur, moitié par l'acheteur. Elle sera appliquée un tiers au dénonciateur, un tiers à la commune du lieu où les fonds qui ont produit les grains se trouvent situés ; ce tiers sera distribué à la classe indigente ; le troisième tiers au trésor public.

ART. 3. Les officiers municipaux, les administrateurs de district et de département, sont spécialement chargés de veiller à l'exécution de la présente loi.

Loi qui excepte de la prohibition des ventes de grains en vert et pendants par racines, celles qui ont eu lieu par suite de tutelle, curatelle, etc. Du 11 juillet 1795 (23 messidor an III.)

La convention nationale décrète que, dans la prohibition portée par la loi du 6 messidor sur les ventes de grains en vert et pendants par racines, ne sont pas comprises celles qui ont lieu par suite de tutelle, curatelle, changement de fermier, saisie de fruits, baux judiciaires et autres de cette nature. Sont également exceptées les ventes qui comprendraient tous autres fruits ou productions que les grains.

Ne sont pas comprises celles qui ont eu lieu par suite de tutelle, etc. — Pourquoi la règle et pourquoi les exceptions? *La règle,* parce que les ventes de grains en vert sont arrachées, pour l'ordinaire, par l'avarice sans pitié à la misère au désespoir, et qu'elles pourraient, si elles devenaient nombreuses, inquiéter les populations et amener une hausse factice. *Les exceptions,* parce que les motifs ci-dessus n'existent pas dans les cas exceptés, et qu'un intérêt légitime, au contraire, rend la vente utile ou nécessaire.

N° 11.

Loi sur la police intérieure des communes. Du 2 octobre 1795 (10 vendémiaire an IV.)

TITRE Ier. Tous citoyens habitant la même commune sont garants civilement des attentats commis sur le territoire de la commune, soit envers les personnes, soit contre les propriétés.

TITRE 4. Des espèces de délits dont les communes sont civilement responsables.

ARTICLE Ier. Chaque commune est responsable des délits commis à force ouverte ou par violence sur son territoire, par des attroupements ou rassemblements armés ou non armés, soit envers les personnes, soit contre les propriétés nationales ou privées, ainsi que des dommages-intérêts auxquels ils donneront lieu.

ART. 2. Dans le cas ou les habitants de la commune auraient pris part aux délits commis sur son territoire par des attroupements et rassemblements, cette commune sera tenue de payer à la république une amende égale au montant de la réparation principale.

ART. 3. Si les attroupements ou rassemblements ont été formés d'habitants de plusieurs communes, toutes seront responsables des délits qu'ils auront commis et contribuables tant à la réparation et dommages-intérêts qu'au paiement de l'amende.

ART. 4. Les habitants de la commune ou des communes contribuables qui prétendraient n'avoir pris aucune part aux délits et contre lesquels il ne s'élevrait aucune preuve de complicité ou participation aux attroupements, pourront exercer leur recours contre les auteurs et complices des délits.

ART. 5. Dans les cas où les rassemblements auraient été formés d'individus étrangers à la commune sur le territoire de laquelle les délits ont été commis, et où la commune aurait pris toutes les mesures qui étaient en son pouvoir à l'effet de les prévenir et d'en faire connaître les auteurs, elle demeurera déchargée de toute responsabilité.

ART. 6. Lorsque par suite de rassemblements ou attroupements, un individu, domicilié ou non sur une commune, y aura été pillé, maltraité ou homicidé tous les habitants seront tenus de lui payer, ou en cas de mort, à sa veuve et enfants, des dommages-intérêts.

ART. 10. Si dans une commune, des cultivateurs à part de fruits refusent de livrer, aux termes du bail, la portion due aux propriétaires, tous les habitants de cette commune sont tenus des dommages-intérêts.

ART. 11. Dans les cas énoncés aux articles 9 et 10, les habitants de la commune exerceront leur recours contre les cultivateurs qui auront donné lieu aux dommages-intérêts.

Titre v. Des dommages-intérêts et réparations civiles.

Article 1er. Lorsque par suite de rassemblements ou attroupements un citoyen aura été contraint de payer, lorsqu'il aura été volé ou pillé sur le territoire d'une commune, tous les habitants de la commune seront tenus de la restitution, en même nature, des objets pillés et choses enlevées par force, ou d'en payer le prix sur le pied du double de leur valeur, au cours du jour où le pillage aura été commis.

Art. 2. Lorsqu'un délit de la nature de ceux exprimés aux articles précédents aura été commis sur une commune, les officiers municipaux ou l'agent municipal seront tenus de le faire constater sommairement dans les vingt-quatre heures, et d'en dresser procès-verbal, sous trois jours au plus tard, au commissaire du pouvoir exécutif près le tribunal civil du département.

Les officiers de police de sûreté n'en seront pas moins tenus de remplir à cet égard, les obligations que la loi leur prescrit.

Art. 4. Les dommages-intérêts dont les communes sont tenues aux termes des articles précédents, seront fixés par le tribunal civil du département, sur le vu des procès-verbaux et autres pièces constatant les voies de faits excès et délits.

Art. 5. Le tribunal civil du département réglera le montant de la réparation et des dommages-intérêts, dans la décade, au plus tard, qui suivra l'envoi des procès-verbaux.

Art. 6. Les dommages-intérêts ne pourront jamais être moindre que la valeur entière des objets pillés et choses enlevées.

Art. 7. Le jugement du tribunal civil, portant fixation des dommages-intérêts, sera envoyé dans les vingt-quatre heures, par le commissaire du pouvoir exécutif, à l'administration départementale, qui sera tenue de l'envoyer sous trois jours, à la municipalité ou à l'administration municipale du canton.

ART. 8. La municipalité ou l'administration municipale sera tenue de verser le montant des dommages-intérêts à la caisse du département dans le délai d'une décade : à cet effet elle fera contribuer les vingt plus forts contribuables résidant dans la commune.

ART. 9. La répartition et la perception pour le remboursement des sommes avancées, seront faites sur tous les habitants de la commune, par la municipalité ou l'administration municipale du canton, d'après le tableau des domiciliés et à raison des facultés de chaque habitant.

ART. 10. Dans le cas de réclamation de la part d'un ou plusieurs contribuables, l'administration départementale statuera sur la demande en réduction.

ART. 11. A défaut de paiement dans la décade, l'administration départementale réquerra une force armée suffisante, et l'établira dans les communes contribuables, avec un commissaire pour opérer le versement de la contribution.

ART. 12. Les frais du commissaire de département, et de séjour de la force armée, seront ajoutés au montant des contributions prononcées et supportées par les communes contribuables.

ART. 13. Dans la décade du versement fait dans la caisse du département, l'administration fera remettre aux parties intéressées le montant du jugement portant fixation de dommages-intérêts.

ART. 14. Au moyen des dispositions des titres iv et v, la loi du 16 prairial, relative au pillage des grains et farines, demeure rapportée dans les dispositions qui seraient contraires à la présente loi.

ART. 15. Jusqu'à ce que les municipalités, les administrations municipales et les tribunaux civils de département soient organisés, les municipalités des communes, les officiers de police de sureté et les tribunaux de district actuellement existants, sont chargés, sous leur responsabilité personnelle, de l'exécution de la présente loi, chacun d'eux dans les parties qui concernent les administrations municipales, les officiers de police et les tribunaux civils.

V. les nombreux arrêts rendus sur cette loi, sous le mot PILLAGE, dictionnaire ci-dessus. — V. aussi la loi, des 6 et 23 messidor an III, n. 10, l'article 440 c. pén. numéro 39. — Toutes ces lois sont certainement rigoureuses; mais le pillage, nous l'avons déjà dit, c'est l'annulation de la société, c'est l'état de nature, moins sa pureté.

N° 12.

LOI *qui prononce des peines contre l'exportation des grains ou farines, du 16 mars 1797 (26 ventôse an v).*

ARTICLE PREMIER. La défense d'exporter des grains ou farines de toute espèce, est maintenue.

ART. 2. Tout transport de grains ou farines, surpris de nuit ou sous passavant, dans la distance de cinq kilomètres en deça des frontières de terre, et de 25 hectomètres des côtes maritimes, sera confisqué avec les voitures, bêtes de somme, bateaux ou navires servant au transport.

ART. 3. Sont exceptés de la formalité du passavant, les grains portés de jour au moulin, et les farines en revenant, dont le poids n'excèdera pas six myriagrammes.

. . . .

ART. 6. Les conducteurs ou propriétaires, outre

la consfication prononcée par l'art. 2, seront condamnés par le tribunal de police correctionnelle, à une amende de 10 fr. par cinq myriagrammes de grain, et de 12 francs par cinq myriagrammes de farine.

La défense d'exporter des grains est maintenue. — Dès que le prix des grains s'élève, le peuple s'en prend à l'exportation; on lui prouve qu'il n'y a pas *exportation*, mais *importation*; n'importe, il s'en prend à l'exportation ; son erreur qu'il caresse, l'exalte, le porte à des excès coupables qui aggravent de toutes manières sa triste position; *le premier des progrès*, serait d'abandonner, ces vieilles et fatales récriminations qui pouvaient s'excuser autrefois, mais qui ne se comprennent plus sous un gouvernement constitutionnel, dont tous les actes sont patents pour le moindre des citoyens. (*V. n.* 13, 15, 16, 22, 24, 27, *ci-après*).

N° 13.

Loi relative à la circulation des grains dans l'intérieur de la République, du 9 juin 1797 (21 prairial an v).

Article premier. La circulation des grains sera entièrement libre dans l'intérieur de la République.

Art. 2. Toute personne convaincue d'y avoir apporté atteinte sera poursuivie et condamnée, outre la restitution, à une amende de la moitié de la valeur des grains arrêtés, pour le paiement de laquelle il sera donné caution, faute de quoi, la peine de six mois d'emprisonnement sera prononcée.

Art. 3. Les officiers munipaux et autres fonctionnaires publics, soit civiles, soit militaires, qui n'auraient pas fait tout ce qui est en leur pouvoir pour l'exécution de l'art. 1er, seront soumis aux peines portées par l'art. 2.

Art. 4. Les marchands de grains et les blatiers ne seront plus assujettis à se munir de bons des municipalités ; mais ils seront tenus de se pourvoir de patentes, conformément à la loi du 9 frimaire dernier.

Art. 5. Les bons ou permis des municipalités ne seront plus nécessaires aux particuliers pour faire des approvisionnements, soit dans les marchés, soit ailleurs, sans néanmoins rien innover aux usages des lieux où les marchands ne peuvent acheter dans les marchés qu'aux heures indiquées, en conséquence, les lois des 4 nivôse et 4 thermidor an III, et 7 vendémiaire an IV, sont rapportées.

Art. 6. Le directoire exécutif se fera rendre compte par les administrations de départements, de l'exécution de la présente ; et dans le cas où quelque obstacle imprévu entraverait la libre circulation des subsistances, il en préviendra le corps législatif.

V. n. 12, ci-dessus.

N° 14.

Loi du 22 octobre 1798 (1er brumaire an VII).

Article trente-huit. Tout citoyen qui expose des marchandises en vente dans quelque lieu que ce soit, est tenu d'exhiber sa patente toutes les fois qu'il en est requis par les juges de paix, commissaires de police, administrateurs, agents ou adjoints municipaux, et commissaires du pouvoir exécutif.

Si celui qui n'est point pourvu de patente ou qui

ne la représente point, vend hors de son domicile, les objets exposés en vente seront saisis ou séquestrés aux frais du vendeur, jusqu'à la représentation d'une patente convenable. S'il vend à son domicile, il sera dressé un procès-verbal qui sera envoyé au commissaire du directoire exécutif, près l'administration municipale, pour faire poursuivre le contrevenant, conformément à la présente loi.

V. n. 34, la loi du 25 avril 1844, sur les patentes.

N° 15.

Arrêté du directoire exécutif concernant les dépôts de grains et farines établis près des frontières, du 5 juin 1799 (17 prairial an VII).

ARTICLE PREMIER. Tout entrepôt de grains et farines établi dans les cinq kilomètres des frontières de terre, étant contraire aux lois du 11 septembre 1793 et 26 ventôse an V, est sévèrement prohibé.

ART. 2. Les grains et farines qui ont été tirés de l'intérieur pour être mis en entrepôt dans les cinq kilomètres des frontières de terre, seront, dans la décade qui suivra la publication du présent arrêté, transportés en deça desdits cinq kilomètres, sous acquits-à-caution délivrés par les proposés du bureau des douanes le plus voisin : ce délai expiré, ceux qui resteraient en entrepôt, seront également saisis et confisqués avec amende ; et à cet effet, les préposés des douanes sont autorisés à se transporter dans les lieux de dépôt, accompagnés d'un officier municipal ou d'un commissaire du directoire exécutif.

ART. 3. Les agents municipaux et adjoints des communes situées sur l'extrême frontière de terre et de mer, sont spécialement chargés de surveiller l'exportation des grains dans leurs arrondissements respectifs, et de l'empêcher, sous leur responsabilité.

Art. 4. En conséquence, ils sont autorisés à requérir, lorsqu'ils le croiront nécessaire, le service de la garde nationale sédentaire, et à se faire protéger par les troupes de ligne et la gendarmerie nationale, qui se trouveront sur les lieux.

Art. 5. Ils dénonceront au commissaire du directoire exécutif près l'administration municipale du canton, les citoyens qui, par de coupables manœuvres, cherchent à faire passer des grains à l'étranger. Ce commissaire sera tenu de dénoncer au juge de paix du canton, ces citoyens, pour être poursuivis conformément à la loi du 3 brumaire, an IV, titre 5, section 2, art. 83.

Art. 6. Les préposés des douanes ne délivreront des acquits-à-caution pour le transport des grains dans les communes situées sur l'extrême frontière, particulièrement sur le Rhin, que d'après un certificat des agents respectifs desdites communes, visé par le commissaire du directoire exécutif; lequel certificat constatera que les grains à transporter sont destinés à la consommation des habitants et aux semences de leurs terres.

Art. 7. Les grains et farines embarqués sur le Rhin devront être mis en sacs qui seront plombés dans les bureaux du lieu d'embarquement, et expédiés pour celui de la destination, où le déchargement ne pourra s'effectuer qu'en présence des préposés des douanes. Les grains et farines qui navigueront sur le Rhin sans que ces formalités aient été remplies, seront saisis, ainsi que les bateaux servant au transport, et confisqués avec amende, comme marchandises prohibées, et en vertu des lois sur les douanes.

Art. 8. Les commandants des troupes qui sont sur les frontières, depuis Manheim jusqu'à Anvers, sont spécialement chargés de seconder la surveillance des préposés des douanes, pour empêcher l'exportation des grains à l'étranger.

ART. 9. Les commissaires de la marine et leurs préposés sur les côtes des deux mers, surtout depuis le Hâvre jusqu'à Flessingue et sur l'Escaut ; les commissaires du directoire exécutif près les administrations municipales des cantons voisins des frontières de la Hoilande; les agents municipaux des communes situées à l'embouchure de l'Escaut, concourront, avec les préposés des douanes et la gendarmerie nationale, à l'exécution des lois qui prohibent l'exportation des grains à l'étranger ; ils provoqueront les nouvelles mesures qu'ils croiront nécessaires pour réprimer et arrêter les abus qui pourraient se commettre, et ils sont autorisés à se faire soutenir par la force armée.

V. n. 12, ci-dessus.

N° 16.

Arrêté contenant des mesures pour empêcher l'exportation des grains et farines par la Meuse, l'Escaut et le Rhin, du 18 avril 1800 (28 germinal an VIII).

ARTICLE PREMIER. Les particuliers qui seront trouvés transportant de nuit ou sans passavant, des grains ou farines dans la distance de cinq kilomètres des rives de la Meuse, de l'Escaut, du Hondt, et des bras de ce fleuve connus sous la dénomination de Hellegat, Hondtgat, Brakman, ou canal de Philippine, Saffingat, etc... ou sur lesdits fleuves et leurs bras, sans permis d'un bureau de douane, outre les amendes et les confiscations encourues, seront arrêtés et détenus jusqu'à ce que le ministre de la police générale les ait fait interroger, et mettre, s'il y a lieu, en jugement dans les délais déterminés par la loi.

ART. 2. Seront également arrêtés et détenus les particuliers surpris à transporter, sans permission, des grains ou farines dans les cinq kilomètres des frontières de terre et de la rive gauche du Rhin, depuis Anvers jusques et y compris Versoix, où les embarquant et transportant sur ledit fleuve, ainsi que sur le lac Léman, également sans permission.

ART. 3. L'entrepôt des grains et farines défendu par l'arrêté du gouvernement du 17 prairial an VII, ne sera réputé tel dans l'étendue fixé par les art. 1 et 2, du présent arrêté, que d'après les bases déterminées par le ministre de l'intérieur, ensuite de l'avis des préfets des départements de l'Escaut et des Deux-Nethes, pour ces départements; et d'après les bases fixées par les arrêtés au commissaire du gouvernement, pour les départements de la rive gauche du Rhin.

ART. 4. Seront aussi réputés en entrepôt les grains et farines trouvés dans les lieux non habités, dans l'étendue fixée par les art. 1 et 2.

ART. 5. Les saisies de grains et farines seront jugées au jour indiqué par la citation; et si le tribunal n'en a pas donné main levée, il pourra être procédé le lendemain à leur vente provisoire. Le prix en sera déposé au bureau des douanes, jusqu'à ce que l'instance soit terminée.

ART. 6. Les particuliers qui, au nombre de plus de quinze, et malgré la sommation des préposés des douanes, des militaires et autres chargés d'arrêter les exportations de grains et farines, auront voulu passer leurs chargements à l'étranger, sont dans le cas de l'art. 5 de la 4e section du titre 1er du code pénal, du 6 octobre 1791, et seront poursuivis comme tels.

ART. 7. Il n'est nullement dérogé aux dispositions de l'arrêté du 19 ventôse, relatif au mode et à la régularité du cabotage sur les côtés et dans l'intérieur de la république.

V. n. 12, ci-dessus.

N° 17.

Arrêté consulaire (1) sur l'exercice de la profession de boulanger à Paris, du 19 vendémiaire, an x (11 octobre 1801). Les consuls de la république, sur le rapport du ministre de l'intérieur, arrêtent :

Article 1er. A l'avenir, nul ne pourra exercer la profession de boulanger, sans une permission spéciale du préfet de police.

Art. 2. Cette permission ne sera accordée que sous les conditions suivantes :

1° Chaque boulanger sera tenu de verser, à titre de garantie, au magasin Elisabeth, quinze sacs de farine de première qualité et du poids de quinze myriagrammes quatre-vingt-dix hectogrammes (trois cents vingt-cinq livres). Ces quinze sacs ne pourront être achetés à la halle.

2° Chaque boulanger se soumettra à avoir constamment dans son magasin un approvisionnement en farine de première qualité.

Cet approvisionnement sera, savoir :

1° De soixante sacs au moins, du poids ci-dessus énoncé, pour les boulangers faisant par jour six fournées de pain et au dessus.

2° De trente sacs au moins, pour les boulangers faisant de quatre à six fournées.

3° De quinze sacs au moins, pour les boulangers qui font au-dessous de quatre fournées.

(1) En vigueur d'après un arrêt de la cour de cassation, chambre criminelle, du 11 juin 1831.

Ces conditions devront être remplies dans le délai qui sera déterminé par le préfet de police.

Art. 3. La permission délivrée par le préfet de police constatera le versement de farine qui aura été fait à titre de garantie, et la soumission souscrite par le boulanger pour la quotité de son approvisionnement. Elle énoncera la division dans laquelle chaque boulanger devra exercer sa profession.

Art. 4. Le préfet de police s'assurera si les boulangers ont constamment en magasin la quantité de farines pour laquelle chacun d'eux aura fait sa soumission.

Art. 5. Le préfet de police réunira auprès de lui vingt-quatre boulangers, pris parmi ceux qui exercent leur profession depuis longtemps. Ces vingt-quatre boulangers procéderont, en présence du préfet, à la nomination de quatre syndics.

Art. 6. Les syndics seront chargés de la surveillance et de l'administration des farines déposées à titre de garantie.

Art. 7. Le gouvernement fera délivrer, à titre d'encouragement, à chaque boulanger muni d'une permission du préfet de police, une quittance du montant des droits qu'il devra pour sa patente.

Art. 8. Aucun boulanger ne pourra quitter sa profession que six mois après la déclaration qu'il devra en faire au préfet de police.

Art. 9. Nul boulanger ne pourra restreindre le nombre de ses fournées sans l'autorisation du préfet de police.

Art. 10. En cas de contravention à l'article précédent et à l'article 2, quant à l'approvisionnement en farine auquel le boulanger se trouve assujetti, il sera procédé contre le contrevenant par le préfet de police, qui, suivant les circonstances, pourra prononcer, par voie de police administrative, une interdiction momentanée ou absolue de l'exercice de sa profession.

Art. 11. Tout boulanger qui quittera sa profession sans y être autorisé par le préfet de police, ou qui sera définitivement interdit, ne pourra réclamer les quinze sacs de farine par lui fournis à titre de garantie. Dans l'un et l'autre cas, les farines seront vendues, et le produit en sera versé à la trésorerie.

Art. 12. A la première réquisition de tout boulanger qui, avec l'autorisation du préfet de police, renoncera librement à l'exercice de sa profession, ou à la réquisition des héritiers ou ayant cause d'un boulanger décédé dans le plein exercice de sa profession, les quinze sacs de farine déposés à titre de garantie seront restitués aux requérants.

V. n. 28, l'ordonnance du 9 août 1826, concernant la boulangerie de Chinon, sur laquelle toutes les autres sont à peu près calquées. Le lecteur trouvera d'ailleurs, n. 42, ci-après, le tableau par ordre alphabétique des villes dont la boulangerie est réglementée, avec l'indication des dates des ordonnances.

N° 18.

Arrêté relatif à l'établissement de bureaux de pesage, mesurage et jaugeage, 29 floréal, an x. — 19 mai 1802.

Art. 1er. Il sera établi dans les communes qui en seront jugées susceptibles par le gouvernement, des bureaux de pesage, mesurage et jaugeage publics. Nul ne sera contraint de s'en servir, si ce n'est dans les cas de contestation.

Art. 2. Les tarifs des droits à percevoir dans ces bureaux, et les règlements y relatifs, seront proposés par les conseils des communes, adressés aux sous-préfets et aux préfets, qui donneront leur avis, et soumis au gouvernement, qui les approuvera, s'il y a lieu, en la forme usitée pour les règlements d'administration publique.

Les tarifs de droits à percevoir. — Par qui doivent être payés ces droits? à moins de convention contraire, par le vendeur. — Art. 1608, code civil (v. n. 35).

ART. 3. Un 10e des produits nets de ces droits servira à compléter l'acquittement des frais de vérification des poids et mesures, et le traitement des agents préposés à cette vérification.

ART. 4. Le surplus des produits sera employé aux dépenses des communes et des hospices exclusivement; et ce, suivant les règles prescrites pour les octrois de bienfaisance.

N° 19.

Avis du conseil d'état sur l'interdiction du droit de parcours aux bouchers de Paris, du 22 décembre 1803 (30 frimaire, an XII).

Le conseil d'état, qui, d'après le renvoi du gouvernement, a entendu le rapport de la section de l'intérieur sur celui du ministre de ce département, tendant à rendre aux bouchers de Paris l'exercice du droit de parcours sur les terres en jachères de la ci-devant banlieue de Paris;

Considérant que l'article 2 de la quatrième section de la loi du 2 septembre, 6 octobre 1791, est conçu en ces termes;

« La servitude réciproque de paroisse à pa-
» roisse, connue sous le nom de parcours, et qui
» entraîne avec elle le droit de vaine pâture, conti-

» nuera provisoirement d'avoir lieu, avec les res-
» trictions déterminées à la présente section,
» lorsque cette servitude sera fondée sur un titre
» ou sur une possession autorisés par les lois et
» coutumes; à tous autres égards, elle est abolie. »

Qu'il résulte du texte de la loi que l'exercice du droit de parcours, de la part d'une commune, suppose nécessairement la réciprocité en faveur de la commune sur le territoire de laquelle il a lieu;

Que la ville de Paris n'offrant pas cette juste réciprocité, le parcours ne serait pour les communes environnantes qu'une servitude gratuite, une atteinte réelle au droit de propriété, dont les bouchers retireraient seuls tout l'avantage, et que, par conséquent, l'exercice de ce droit est évidemment de la nature de ceux que la loi ci-dessus citée a eu l'intention d'abolir.

Que si quelque considération d'un ordre supérieur pouvait déterminer le gouvernement à faire révoquer cette loi en faveur des bouchers de Paris, ce serait sans doute l'impossibilité bien reconnue d'assurer l'approvisionnement de la capitale sans l'adoption d'une mesure extraordinaire, et la certitude d'obtenir une diminution sensible sur le prix de la viande; mais que ces motifs n'existent pas.

Qu'en effet, depuis plusieurs années, l'état de l'agriculture dans la banlieue de Paris a éprouvé, relativement à la multiplication des bestiaux, des changements tels, que les cultivateurs ont besoin de toute l'étendue de leurs communes respectives pour le pâturage des troupeaux nombreux qu'ils élèvent, et qui sont exclusivement destinés à l'approvisionnement de Paris.

Qu'en supposant que l'exercice du droit de parcours pût avoir tous les avantages qu'on lui attribue, le résultat de ces avantages serait uniquement de favoriser la multiplication des troupeaux appartenant aux bouchers, en diminuant celle des troupeaux qui sont aujourd'hui la juste récompense des travaux du cultivateur.

Que ce serait par conséquent arrêter les progrès de l'agriculture sans augmenter réellement les moyens d'approvisionnement de la capitale, et faire renaître, sans aucune utilité pour la chose publique, une servitude proscrite par la loi, et qui aurait très certainement le double et grave inconvénient de compromettre la salubrité des troupeaux communaux, par leur communication avec les troupeaux forains dans les temps de contagion, et d'être une source intarissable de procès dispendieux entre les bouchers et les cultivateurs.

Est d'avis qu'il n'y a pas lieu de rendre aux bouchers de Paris l'exercice du droit de parcours.

V. n. 8. ci-dessus.

N° 20.

Décret du 15 octobre 1810 sur les ateliers et établissements dangereux, insalubres ou incommodes.

Art. 1er. A compter de la publication du présent décret, les manufactures et ateliers qui répandent une odeur insalubre ou incommode ne pourront être formés sans une permission de l'autorité administrative.

Ces établissements seront divisés en trois classes. La première classe comprendra ceux qui doivent être éloignés des habitations particulières. La seconde, les manufactures et ateliers dont l'éloignement des habitations n'est pas rigoureusement nécessaire, mais dont il importe néanmoins de ne permettre la formation qu'après avoir acquis la certitude que les opérations qu'on y pratique sont exécutées de manière à ne pas incommoder les propriétaires du voisinage, ni à leur causer des dommages. Dans la troisième classe seront placés les établissements qui peuvent rester sans inconvénient auprès des habitations; mais doivent rester soumis à la surveillance de la police.

Art. 2. La permission nécessaire pour la formation des manufactures et ateliers compris dans la première classe, sera accordée avec les formalités ci-après par un décret rendu en notre conseil d'état. Celle qu'exigera la mise en activité des établissements compris dans la seconde classe, le sera par les préfets, sur l'avis des sous-préfets. Les permissions pour l'exploitation des établissements placés dans la dernière classe seront délivrés par les sous-préfets, qui prendront préalablement l'avis des maires.

Art. 3. La permission pour les manufactures et fabriques de première classe ne sera accordée qu'avec les formalités suivantes : la demande en autorisation sera présentée au préfet, et affichée, par son ordre, dans toutes les communes, à 5 kilomètres de rayon. Dans ce délai, tout particulier sera admis à présenter ses moyens d'opposition. Les maires des communes auront la même faculté.

Art. 4. S'il y a des oppositions, le conseil de préfecture donnera son avis, sauf la décision du conseil d'état.

Art. 5. S'il n'y a pas d'opposition, la permission sera accordée, s'il y a lieu, sur l'avis du préfet et le rapport de notre ministre de l'intérieur.

Art. 6. S'il s'agit de fabrique de soude, ou si la fabrique doit être établie dans la ligne des douanes, notre directeur général des douanes sera consulté.

Art. 7. L'autorisation de former des manufactures et ateliers compris dans la seconde classe ne sera accordée qu'après que les formalités suivantes auront été remplies : l'entrepreneur adressera, d'abord, sa demande aux sous-préfets de son arrondissement, qui la transmettra au maire de la commune dans laquelle on projette de former l'établissement, en le chargeant de procéder à des informations *de commodo et incommodo*. Ces informations terminées, le sous-préfet prendra, sur le tout, un arrêté qu'il transmettra au préfet. Celui-ci statuera, sauf le recours à notre conseil d'état par toutes parties intéressées. S'il y a opposition, il y sera statué par le conseil de préfecture, sauf le recours au conseil d'état.

ART. 8. Les manufactures et ateliers, ou établissements portés dans la troisième classe, ne pourront se former que sur la permission du préfet de police, à Paris, et sur celle du maire dans les autres villes. S'il s'élève des réclamations contre la décision prise par le préfet de police ou par les maires, sur une demande en formation de manufacture ou d'atelier compris dans la troisième classe, elles seront jugées au conseil de préfecture.

ART. 9. L'autorité locale indiquera le lieu où les manufactures et ateliers compris dans la première classe pourront s'établir, et exprimera sa distance des habitations particulières. Tout individu qui ferait des constructions dans le voisinage de ces manufactures et ateliers après que la formation en aura été permise, ne sera plus admis à en solliciter l'éloignement.

ART. 10. La division en trois classes des établissements qui répandent une odeur insalubre ou incommode, aura lieu conformément au tableau annexé au présent décret. Elle servira de règle toutes les fois qu'il sera question de prononcer sur des demandes en formation de ces établissements.

ART. 11. Les dispositions du présent décret n'auront point d'effet rétroactif. En conséquence, tous les établissements qui sont aujourd'hui en activité continueront à être exploités librement, sauf les dommages dont pourront être passibles les entrepreneurs de ceux qui préjudicient aux propriétés de leurs voisins: les dommages seront arbitrés par les tribunaux.

Art. 12. Toutefois, en cas de graves inconvénients pour la salubrité publique, la culture ou l'intérêt général, les fabriques et ateliers de première classe, qui les causent, pourront être supprimés en vertu d'un décret rendu en notre conseil d'état, après avoir entendu la police locale, pris l'avis des préfets, reçu la défense des manufacturiers ou fabricants.

Art. 13. Les établissements maintenus par l'article 11, cesseront de jouir de cet avantage dès qu'ils seront transférés dans un autre emplacement ou qu'il y aura une interruption de six mois dans leurs travaux. Dans l'un et dans l'autre cas, ils rentreront dans la catégorie des établissements à former, et ils ne pourront être remis en activité qu'après avoir obtenu, s'il y a lieu, une nouvelle permission.

N° 21.

Loi relative à la célébration des fêtes et dimanches.
Du 18 novembre 1814.

Article 3. Dans les villes dont la population est au-dessous de 5,000 ames, ainsi que dans les bourgs et villages, il est défendu aux cabaretiers, marchands de vin, débitants de boissons, traiteurs, limonadiers, maîtres de paume et de billard, de tenir leurs maisons ouvertes, et d'y donner à boire et à jouer lesdits jours pendant le temps de l'office.

. . . .

Art. 7. Les défenses précédentes ne sont pas applicables :

1º Aux marchands de comestibles de toutes natures, sauf cependant l'exécution de l'article 3.

. . . .

Nº 22.

Loi *relative à l'exportation des grains, farines et légumes.* **Du** 2 *décembre* 1814.

ARTICLE Iᵉʳ. L'exportation des grains, farines et légumes, provisoirement permise par l'ordonnance du 26 juillet dernier, reste définitivement autorisée, aux conditions et sous les réserves exprimées dans les articles suivants.

Art. 2. Pour cette exportation, les départements frontières de la France seront partagés en trois classes : dans la première, seront compris les départements où les grains sont habituellement plus chers que dans le reste du royaume ; dans la seconde, ceux où ils se maintiennent à un prix moyen, et dans la dernière classe, ceux où ils sont ordinairement au prix le moins élevé.

Art. 3. Les grains, farines et légumes, à leur sortie de France, ne seront assujettis qu'au simple droit de balance.

Art. 4. L'exportation des grains, farines et légumes, sera suspendue dans chaque département frontière, lorsque le blé-froment y aura atteint le prix de 23 francs l'hectolitre pour la première classe, de 21 francs pour la seconde, et de 19 fr. pour la troisième.

Art. 5. La suspension ne sera levée que lorsque les prix seront redescendus au-dessous des limites fixées dans l'article précédent, et d'après un ordre de notre ministre secrétaire d'état de l'intérieur.

Art. 6. Le prix moyen du blé froment, qui doit servir de règle dans chaque département frontière pour l'exportation et la prohibition de sortie, sera établi et publié une fois par semaine, par les soins et à la diligence des préfets, qui prendront pour base le prix moyen des dernières mercuriales des trois principaux marchés de leurs départements.

Art. 7. Le choix des trois marchés principaux de chaque département de la frontière sera proposé par les préfets au directeur général de l'agriculture et du commerce et approuvé par le ministre secrétaire d'état de l'intérieur.

Art. 8. Un règlement administratif déterminera la classe dans laquelle chacun des départements frontières sera placé, et désignera les ports et les bureaux de douane par lesquels la sortie des grains sera permise.

Art. 9. Il n'est point dérogé aux lois relatives à l'importation en France, des grains, farines et légumes provenant de l'étranger, et à la circulation des subsistances dans l'intérieur.

Nota. Voyez l'ordonnance du 18 du même mois, contenant classification des départements frontières, et désignation des bureaux de sortie et des ports pour l'exportation des grains; celle du 3 août, qui prohibe leur sortie; et la loi du 16 juillet 1819, qui fixe les droits des grains importés en France et règle les formalités pour l'exportation. La chambre des Députés est actuellement saisie du projet d'une nouvelle loi transitoire sur la matière.

N° 23.

Ordonnance du roi portant règlement sur les Octrois, du 9 décembre 1814.

Article 83. Les maires seront autorisés, sauf

l'approbation des préfets, à faire remise par voie de transaction, de la totalité ou de partie des condamnations encourues, même après le jugement rendu. Ce droit appartient exclusivement à la régie des impositions indirectes, et d'après les règles qui lui sont propres, toutes les fois que la saisie a été opérée dans l'intérêt commun des droits d'octroi et des droits imposés au profit du trésor.

Même après le jugement rendu. — Ils le peuvent donc *avant*? Mais autre chose est le droit d'octroi qui peut être remis, autre chose est l'amende encourue (art. 471, n° 15), qui ne peut pas l'être. — V. le dictionnaire ci-dessus, v° *quittance du droit d'octroi.*

N° 24.

Ordonnance du roi portant la classification des départements frontières pour l'exécution de la loi sur l'exportation des grains, et désignation des ports et bureaux de sortie. Du 18 décembre 1814.

ARTICLE 1er. Les départements composant les frontières de terre et de mer de notre royaume sont classés, pour l'exportation des grains, farines et légumes, de la manière suivante ; savoir :

La première classe comprend les départements du Doubs, du Jura, de l'Ain, du Mont-Blanc, de l'Isère, des Hautes-Alpes, des Basses-Alpes, du Var, des Bouches-du-Rhône, du Gard, de l'Hérault, de l'Aude, des Pyrénées-Orientales, de l'Arriège, de la Haute-Garonne, des Hautes-Pyrénées, des Basses-Pyrénées, des Landes, et de la Gironde :

La seconde classe, les départements de la Charente-Inférieure, de la Vendée, de la Loire-Inférieure, du Calvados, de l'Eure, de la Seine-Inférieure, de la Somme, du Pas-de-Calais, du Nord, du Bas-Rhin, du Haut-Rhin :

La troisième classe, les départements du Morbihan, du Finistère, des Côtes-du-Nord, d'Ille-et-Vilaine, de la Manche, de l'Aisne, des Ardennes, de la Meuse et de la Moselle.

ART. 2. La sortie des grains, farines et légumes, ne pourra avoir lieu que par les ports et bureaux de douanes désignés dans le tableau annexé à la présente ordonnance.

ART. 3. Toute exportation ou tentative d'exportation de grains farines et légumes, par d'autres points des frontières de terre et de mer, sera poursuivie et punie conformément aux dispositions de la loi du 26 ventôse an v.

Nota. Les dispositions de cette ordonnance sont appliquées à l'exportation des pommes de terre, par l'ordonnance du 10 février 1819. — Voyez la loi du 16 juillet même année, contenant une nouvelle classification des départements frontières et désignation des ports destinés à l'exportation.

V. n. 12, ci-dessus.

Tableau des ports et bureaux des douanes par où l'exportation des grains farines et légumes, aura lieu dans chacun des départements de la frontière.

AISNE. — Hirson, Aubenton.

ARDENNES. — Florennes, Flavion, Anthée, Hastière, Falmignoule, Givet, Vaulin, Pondrome, Voneiche, Gédine, Bièvre, Bellevaux, Bouillon, Messincourt, Puilly, Sapogne, Carignan, Saint-Menges, Floing, Sedan, Charleville, Gespunsart, Walcourt.

MEUSE. — Fagny, Montmédy, Thonne-la-Longue, Marville.

Moselle. — Longwy, Mont-St-Martin, Sierck, Apach, Beckin, Reinbach, Dilling, Rorbach, Bitche, Bliesbrucken, Schweyer, Slultzelbroünn.

Bas-Rhin. — Marckolsheim, Rhinau, Strasbourg, le Pont-de-Kehl, la Wantzenau, Gambsheim, Drusenheim, Fort-Louis, Mumbausen, Lauterbourg, Leimersheim, Ruhlsheim, Belheim, Landau, Kinuelsheim, Lembach, Wissembourg.

Haut-Rhin. — Croix, Delle, Pfetterhausen, Levoncourt, Winckel, Kiffit, Wolschwillers, Ottingen, Leymen, Nreuwillez, Hégenheim, Bourgfelden, Saint-Louis, Huningue, Chalampé, l'Ile-de-Paille, Artzheim.

Doubs. — Morteau, Pontarlier, Verrières-de-Joux, Jougue, Montbéliard.

Jura. — Morez.

Ain. — Versoix, Divonne, Grand-Sacconez, Meyrin.

Mont-Blanc. — Trivier, Faverges, Saint-Julien, Le Chable, Le Plot.

Isère. — Chapareillans, le Touvet, Pont-Charra, la Chapelle-du-Bar, Bourg-d'Ossaus.

Hautes-Alpes. — Briançon, Mont-Genèvre, Guillestre, Abries.

Basses-Alpes. — Barcelonnette, St-Paul, Larche, Fours, Allos, Colmars, Entrevaux, Aunot, St-Pierre, les Sausses.

Var. — Toulon, Antibes, St-Laurent-du-Var, St-Tropès, les Salins, Bandol, Cannes, St–Raphaël.

Bouches-du-Rhône. — Marseille, Arles, Cassis, Badon, Vignoles, Martiques, Port-de-Bouc, la Valduc, Berre, la Ciotat.

Gard. — Aigues-Mortes.

Hérault. — Cette, Adge.

Aude. — Narbonne, la Nouvelle.

Pyrénées Orientales. — Collioure, Port-Vendre, St-Laurent de la Salangue et Canet par mer;

Perthus, Prats-de-Mollo, St-Laurent-de-Cerdans et Saillagouse, par terre.

Ariége. — Tarascon, Ax, Seix, Sentein.

Haute-Garonne. — Bagnères-de-Luchon , St-Béat.

Hautes-Pyrénées. — Argèles, Arrau.

Basses-Pyrénées. — Bayonne, St Jean-de-Luz, par mer ; St-Jean-Pied-de-Port, par terre.

Landes. — St-Esprit-lès-Bayonne.

Gironde. — Bordeaux, Libourne, Blaye, Pauillac, la Teste-de-Buch.

Charente-Inférieure. — Marans, La Rochelle, Marennes, Charente, Rochefort, la Tremblade.

Vendée. — Luçon, St-Gilles, Moricq, St-Michel-en-l'Herm, les Sables-d'Olonne, Beauvoir, Noirmoutier, Bouin.

Loire-Inférieure. — Nantes et lieux de chargement, situés au-dessous jusqu'à Paimbœuf, Paimbœuf, St-Nazaire, le Pouliguen , le Croisic, Mesquer, Pornic, Bourgneuf.

Morbihan. — Lorient, Hennebon, Auray, Vannes, Sarzeau, Penerf, la Roche-Bérnard.

Finistère. — Quimper , Quimperlé, Brest, Morlaix, Roscoff, Pont-Aven, Pont-l'Abbé, Audierne, Landerneau.

Côtes-du-Nord. — Dinan, Ahouel, le Legué, Pontrieu, Paimpol, Lannion, Tréguier, Port-à-la-Duc, Portrieux.

Ille-et-Vilaine. — Redon, St-Malo, St-Servan.

Manche. — Cherbourg, Barfleur, la Hongue, Avranches, St-Léonard , Granville, Regneville , Port-Bail, Carteret.

Calvados. — Caen, Honfleur, Isigny.

Eure. — Quillebœuf.

Seine-Inférieure. — Rouen, Caudebec, le Hâvre, Fécamp, Dieppe, St-Valéry-en-Caux.

Somme. — St-Valéry-sur-Somme.

Pas-de-Calais. — Boulogne, Calais, Etaples.

Nord. — Maubeuge, Bavay, Malplaquet, Bettignies, Rouvroi, Solte-sur-Sambre, Beaumont, Valenciennes, Quiévrain, Condé, Maulde, St-Amand, Halluin, Commines, Werwick, Armentières, Pont-Rouge, Baisieux, Bailleul, Steenword, Dunkerque, Graveline, Bergues, Hondtschootte, Oost-Cappel.

V. n. 27, (*tableau*).

N. 25.

Ordonnance du 14 janvier 1815.

Louis, etc., vu le décret du 15 octobre 1810, qui divise en trois classes les établissements insalubres ou incommodes dont la formation ne peut avoir lieu qu'en vertu d'une permission de l'autorité administrative, le tableau de ces établissements qui y est annexé ; l'état supplémentaire arrêté par le ministre de l'intérieur, le 22 novembre 1811 ; les demandes adressées par plusieurs préfets, à l'effet de savoir si les permissions nécessaires pour la formation des établissements compris dans la troisième classe seront délivrés par les sous-préfets ou par les maires ; notre conseil d'état entendu, nous avons ordonné et ordonnons ce qui suit :

. . . .

Art. 2. Le procès-verbal d'information *de commodo et d'incommodo*, exigé par l'art. 7 du décret du 15 octobre 1810, pour la formation des établissements compris dans la seconde classe de la nomenclature, sera pareillement exigible, en outre de l'affiche de demande, pour la formation de ceux compris dans la première classe. Il n'est rien innové aux autres dispositions de ce décret.

Art. 3. Les permissions nécessaires pour la formation des établissements compris dans la troisième classe seront délivrés dans les départements, conformément aux articles 2 et 8 du décret du 15 octobre 1810 , *par les sous-préfets* , après avoir pris préalablement l'avis des maires et de la police locale. . . . .

Art. 5. Les préfets sont autorisés à faire suspendre la formation ou l'exercice des établissements nouveaux, qui, n'ayant pu être compris dans la nomenclature précitée , serait cependant de nature à y être placé ; ils pourront accorder l'autorisation de l'établissement pour tous ceux qu'ils jugeront devoir appartenir aux deux dernières classes de la nomenclature, en remplissant les formalités prescrites par le décret du 15 octobre 1810 , sauf dans les deux cas à en rendre compte à notre directeur-général des manufactures et du commerce.

DÉSIGNATION DES Établissements.	INDICATION DE Leur inconvénient	CLASSES.	DATES Des ordonnances de classement.
Suif brun (fabrique de).	Odeur désagréable et danger du feu.	2	15 octobre 1810.
Suif en branche (fonderies de), à feu nu.	Idem.	1	14 janv. 1815.
Suif (fonderies de), au bain-marie ou à la vapeur.	Quelque danger du feu.	2	14 janv. 1815.
Suif d'os (fabrique de).	Mauvaise odeur , nécessité d'écouler les eaux.	1	14 janv. 1815.

Nº 26.

Loi sur les finances. Du 28 avril 1816.

Titre VI. Contributions directes.
Art. 32. Toutes contributions directes ou indi

rectcs, autres que celles autorisées ou maintenues par la présente loi, à quelque titre et sous quelque dénomination que ce soit, sont formellement interdites, à peine, contre les autorités qui ordonneraient, contre les employés qui confectionneraient les rôles ou tarifs, et ceux qui en feraient le recouvrement, d'être poursuivis comme concussionnaires.

V. article 41 *de la Charte.* — L'article 32 de la loi du 28 avril 1816 est reproduit dans tous les budgets.

N. 27.

Loi relative aux grains. Au château de St-Cloud, le 16 juillet 1819.

Louis, etc. Nous avons proposé, les chambres ont adopté, nous avons ordonné et ordonnons ce qui suit :

ARTICLE Ier. Le droit permanent de cinquante centimes par quintal métrique, établi par la loi du 28 avril 1816 sur les grains et farines importés de l'étranger, est converti en un droit, également permanent, d'un franc vingt-cinq centimes, par hectolitre de grains, et de deux francs cinquante centimes par quintal métrique de farine.

Ce droit sera réduit à vingt-cinq centimes par hectolitre de grains, et à cinquante centimes par quintal métrique de farines, lorsque l'importation aura lieu par navires français.

ART. 2. Lorsque le prix des blés-froments indigènes sera descendu au taux de vingt-trois francs dans les départements compris dans la première classe établie par l'ordonnance du 14 décembre 1814, rendue en exécution de la loi du 2 décembre même année, à celui de vingt-un francs dans les départements compris dans la seconde classe, à celui de dix-neuf francs dans les départements compris dans la troisième , les blés-froments étrangers importés dans ces départements paieront, indépendamment du droit permanent, un droit supplémentaire d'un franc par hectolitre , sans distinction de pavillon.

ART. 3. Lorsque le prix des blés-froments indigènes sera descendu au-dessous des taux mentionnés dans l'article précédent, chaque franc de diminution donnera lieu, indépendamment du droit permanent et du droit supplémentaire réglé par l'article 2, à un nouveau droit supplémentaire d'un franc par hectolitre, et également sans distinction de pavillon.

ART. 4. Dans les cas prévus par les articles 2 et 3 , le quintal métrique de farine de grains venant de l'étranger paiera, indépendamment du droit permanent, le triple des droits supplémentaires imposés sur l'hectolitre des grains.

ART. 5. Lorsque le prix des blés-froments indigènes sera tombé au-dessous de vingt francs dans les départements compris dans la première classe, établie par l'ordonnance du 14 décembre 1814, au-dessous de dix-huit francs dans les départements de la seconde classe, et au-dessous de seize francs dans les départements de la troisième classe, toute introduction de blés, et de farines de blés étrangers, pour la consommation nationale, sera prohibée dans lesdits départements.

ART. 6. Pour l'exécution des dispositions portées aux articles 2, 3, 4 et 5, le ministre de l'intérieur fera dresser et arrêtera, à la fin de chaque mois , un état des prix moyens des grains vendus sur les marchés qui seront ci-après désignés : cet état sera publié au bulletin des lois, le 1er de chaque mois ; il servira, pendant le mois de sa publication, à percevoir, s'il y a lieu, les droits supplémentaires établis par les articles 2, 3 et 4, et à l'exécution de l'article 5.

Art. 7. Pour l'établissement et l'application des prix moyens mentionnés en l'article précédent, les départements frontières, compris dans les trois classes déterminées par l'article 2 de la loi du 2 décembre 1814 et par l'ordonnance du 14 du même mois, seront divisés en sections, conformément au tableau annexé à la présente loi.

Art. 8. Il sera établi un prix moyen pour chacune de ces sections; ce prix se réglera sur les mercuriales des deux premiers marchés du mois courant et du dernier marché du mois précédent : ces mercuriales seront celles des marchés régulateurs indiqués, pour chaque section, sur le tableau annexé à la présente loi.

Art. 9. A l'avenir, les prix moyens arrêtés et publiés, conformément à la présente loi, serviront à régler la suspension de l'exportation dans les différentes sections indiquées au tableau qui y est annexé. Ils remplaceront ceux qui devaient être dressés en exécution des articles 6 et 7 de la loi du 2 décembre 1814, lesquels sont abrogés.

Art. 10. Les dispositions des articles 2, 3 et 4 de la présente loi, seront applicables aux seigles, maïs, et aux farines de seigle et de maïs, lorsque le prix en sera descendu à dix-sept francs l'hectolitre dans les départements de la première classe, à quinze francs dans les départements de la seconde classe, à treize francs dans les départements de la troisième classe.

Chaque franc de diminution dans ces prix donnera lieu aux droits supplémentaires établis par l'article 3.

La prohibition portée par l'article 5 sera applicable aux seigles, maïs, et aux farines de seigle et de maïs, lorsque le prix de ces grains sera descendu au-dessous de quatorze francs dans les départements de la première classe, au-dessous de douze francs dans les départements de la seconde

classe , au-dessous de dix francs dans les départements de la troisième classe.

Les mêmes dispositions des articles 2, 3, 4 et 5,
pourront être étendues par des ordonnances royales
à l'orge et autres grains non dénommés ci-dessus.

ART. 11. Il n'est rien changé aux dispositions
des lois et règlements qui autorisent l'entrepôt
réel des grains étrangers dans les ports du royaume :
cette autorisation est étendue aux villes de Strasbourg, Sierck, Thionville , Charleville , Givet ,
Lille et Valenciennes.

La réexportation des grains entreposés ne
pourra , dans aucun cas, être gênée ni interdite,
sous quelque prétexte que ce soit.

ART. 12. Le gouvernement est autorisé à modifier , dans l'intervalle des sessions, le tableau annexé à la présente loi, sauf à faire approuver ces
modifications à la première session qui suivra.

La présente loi, discutée , délibérée et adoptée
par la chambre des pairs et par celle des députés,
et sanctionnée par nous cejourd'hui , sera exécutée
comme loi de l'Etat ; voulons , en conséquence ,
qu'elle soit gardée et observée dans tout notre
royaume , terres et pays de notre obéissance.

Si donnons en mandement à nos cours et tribunaux , préfets, corps administratifs, et tous autres,
que les présentes ils gardent et maintiennent ; fassent garder, observer et maintenir, et, pour les
rendre plus notoires à tous nos sujets, ils les fassent
publier et enregistrer partout où besoin sera : car
tel est notre plaisir ; et afin que ce soit chose ferme
et stable à toujours, nous y avons fait mettre notre
scel.

V. n. 12, ci-dessus.

Tableau de la division en section, des trois classes de départements établies par la loi du 2 décembre 1814, relative à l'exportation des grains, farines et légumes, et par l'ordonnance du 18 du même mois.

SECTION.	DÉPARTEMENTS.	MARCHÉS RÉGULATEURS
	1re CLASSE.	
	(L'exportation ne peut être permise, dans ces départements que quand le blé-froment est au dessous de 28 fr. l'hectolitre).	
1re	De la Gironde, des Landes, des Basses-Pyrénées, des Hautes-Pyrénées, de l'Ariège et de la Haute-Garonne.	Marans, Bordeaux, Toulouse.
2e	Des Pyrénées-Orientales, de l'Aude, de l'Hérault, du Gard, des Bouches-du-Rhône, du Var, des Basses-Alpes, des Hautes-Alpes, de l'Isère, de l'Ain, du Jura et du Doubs.	Toulouse, Marseille, Arles, Lyon.
	2me CLASSE.	
	(L'exportation ne peut être permise, dans ces départements que quand le blé-froment est au dessous de 21 fr. l'hectolitre).	
1re	Du Haut-Rhin et du Bas-Rhin.	Mulhausen, Strasbourg.
2e	Du Nord, du Pas-de-Calais, de la Somme, de la Seine-Inférieure, de l'Eure et du Calvados.	Bergues, Arras, Roye, Soissons, Paris, Rouen.
3e	De la Loire-Inférieure, de la Vendée et de la Charente-Inférieure.	Saumur, Nantes, Marans.

SECTION.	DÉPARTEMENTS.	MARCHÉS RÉGULATEURS.
	5ᵐᵉ CLASSE.	
	(L'exportation ne peut être permise, dans ces départements que quand le blé-froment est au dessous de 19 fr. l'hectolitre).	
1ʳᵉ	De la Moselle, de la Meuse, des Ardennes et de l'Aisne.	Metz, Verdun,Charleville,Soissons.
2ᵉ	De la Manche, d'Ill-et-Vilaine, des Côtes-du-Nord, du Finistère et du Morbihan.	S-Lô,Paimpo Quimper,Hennebon,Nantes

N° 28.

Ordonnance du roi portant règlement pour la profession de boulanger dans la ville de Chinon. Le 9 août 1826, au château de Saint-Cloud.

Charles, etc. Sur le rapport de notre ministre secrétaire d'état au département de l'intérieur;

Vu la délibération du conseil municipal de la ville de Chinon, département d'Indre et Loire, en date des 16 décembre 1824, 21 janvier et 27 février 1826;

Notre conseil d'état entendu;

Nous avons ordonné et ordonnons ce qui suit :

ARTICLE PREMIER. A l'avenir, dans la ville de Chinon, département d'Indre et Loire, nul ne pourra exercer la profession de boulanger sans une permission spéciale du maire; elle ne sera accordée qu'à ceux qui justifieront être de bonnes vie et mœurs et avoir les facultés suffisantes.

Dans le cas de refus d'une permission, le boulanger aura recours de la décision du maire à l'autorité administrative supérieure, conformément aux
lois.

Ceux qui exercent actuellement à Chinon la profession de boulanger , sont maintenus dans l'exercice de leur profession; mais ils devront se munir,
sous peine de déchéance, de la permission du maire,
dans un mois pour tout délai, à compter de la publication de la présente ordonnance.

Art. 2. Cette permission ne sera accordée que
sous les conditions suivantes,

Chaque boulanger se soumettra à avoir constamment en réserve, dans son magasin, un approvisionnement de farine de froment propre au service de
la boulangerie.

Cet approvisionnement sera, savoir :
Pour les boulangers de 1re classe, de 160 hectolit.
Pour ceux de 2e classe, 120 idem.
Pour ceux de 3e classe, 80 idem.
Et pour la totalité des boulangers, 1,300 hectolitres
quantité reconnue nécessaire pour subvenir pen-
dant un mois aux besoins des habitants.

Toutefois, en ce qui concerne les boulangers actuellement en exercice et qui devront faire partie
de la troisième classe, l'approvisionnement fixé ci-
dessus à quatre-vingts hectolitres pourra être réduit, pour eux seulement et jusqu'à cessation
d'exercice par décès ou transmutation de fonds , à
cinquante hectolitres.

Art. 3. Dans le cas où le nombre des boulangers viendrait à diminuer par la suite, les approvisionnements de réserve des boulangers restant en
exercice seront augmentés proportionnellement, en
raison de leur classe, de manière que la masse to-
tale demeure toujours au complet de 1,300 hectolitres.

Art. 4. Chaque boulanger s'obligera de plus

par écrit , à remplir toutes les conditions qui lui sont imposées par la présente ordonnance : il affectera pour garantie de l'accomplissement de cette obligation, l'intégralité de son approvisionnement stipulé comme ci-dessus , et il souscrira à toutes les conséquences qui peuvent résulter de la non exécution.

Art. 5. La permission délivrée par le maire constatera la soumission souscrite par le boulanger, tant pour cette obligation que pour la quotité de son approvisionnement de réserve; elle énoncera aussi le quartier dans lequel chaque boulanger exerce ou se propose d'exercer sa profession.

Si un boulanger en activité vient à quitter son établissement pour le transporter dans un autre quartier, il sera tenu d'en faire la déclaration au maire dans les vingt-quatre heures. Mais dans aucun cas l'autorité ne pourra déterminer les rues ou quartiers où un boulanger devra exercer son commerce.

Art. 6. Le maire s'assurera, par lui-même ou par l'un de ses adjoints, si les boulangers ont constamment en magasin et en réserve la quantité de farine pour laquelle chacun d'eux aura fait sa soumission : il en enverra, tous les mois, l'état certifié par lui, au préfet, et celui-ci en transmettra une ampliation au ministre de l'intérieur.

Les boulangers, pour quelque cause que ce soit, ne pourront refuser la visite de leurs magasins, toutes les fois que l'autorité se présentera pour la faire.

Art. 7. Le maire réunira auprès de lui huit boulangers de la ville , pris parmi ceux qui exercent leur profession depuis longtemps; ils procèderont en sa présence à la nomination d'un syndic et de deux adjoints.

Le syndic et les adjoints seront renouvelés tous les ans au 15 décembre, pour entrer en fonctions le 1er janvier suivant ; ils pourront être réélus, mais après un exercice de trois années, le syndic et les adjoints devront être définitivement remplacés.

Art. 8. Le syndic et les adjoints procéderont, en présence du maire, au classement des boulangers, conformément aux dispositions énoncées aux articles 2 et 3. Ils régleront pareillement, sous son autorité, le minimum du nombre des fournées que chaque boulanger sera tenu de faire journellement, suivant les différentes saisons de l'année.

Art. 5. Le syndic et les adjoints seront chargés de la surveillance de l'approvisionnement de réserve des boulangers, et de consulter la nature et la qualité des farines dudit approvisionnement, sans préjudice des autres mesures de surveillance qui devront être prises par le maire, auquel ils rendront toujours compte.

Art. 10. Les boulangers admis et ayant commencé à exploiter, ne pourront quitter leur établissement que six mois après la déclaration qu'ils en auront faite au maire, lequel ne pourra se refuser à la recevoir.

Art. 11. Nul boulanger ne pourra restreindre, sans y avoir été autorisé par le maire, le nombre des fournées auxquelles il sera obligé, suivant sa classe.

Art. 12. Tout boulanger qui contreviendra aux articles 1, 2, 10 et 11, sera interdit temporairement ou définitivement, selon l'exigence du cas, de l'exercice de sa profession. Cette interdiction sera prononcée par le maire, sauf au boulanger à se pourvoir de la décision du maire auprès de l'autorité administrative supérieure conformément aux lois.

Art. 13. Les boulangers qui, en contravention à l'article 10, auraient quitté leur établissement sans avoir fait préalablement la déclaration pres-

crite par ledit article; ceux qui auraient fait disparaître tout ou partie de l'approvisionnement
qu'ils sont tenus d'avoir en réserve, et qui, pour
ces deux cas, auraient encouru l'interdiction défi-
nitive, sont considérés comme ayant manqué à leur
engagement. Leur approvisionnement de réserve,
ou la partie de cet approvisionnement qui aura été
trouvée dans leur magasin, sera saisie et ils seront poursuivis, à la diligence du maire, devant les
tribunaux compétents, pour être statué conformément aux lois.

ART. 14. Le fond d'approvisionnement de réserve deviendra libre, sur une autorisation du maire, pour tout boulanger qui, en conformité de
l'article 10, aura déclaré, six mois d'avance, vouloir quitter sa profession.

La veuve et les héritiers du boulanger décédé
pourront être pareillement autorisés à disposer de
leur approvisionnement de réserve.

ART. 15. Tout boulanger sera tenu de peser le
pain, s'il en est requis par l'acheteur. Il devra, à
cet effet, avoir dans le lieu le plus apparent de sa
boutique, des balances et un assortiment de poids
métriques dûment poinçonnés.

ART. 16. Nul boulanger ne pourra vendre son
pain au-dessus de la taxe légalement faite et publiée.

ART. 17. Il est défendu d'établir des regrats de
pain en quelque lieu public que ce soit. En conséquence, les traiteurs, aubergistes, cabaretiers et
tous autres, soit qu'ils fassent ou non métier de donner à manger, ne pourront tenir d'autre pain chez
eux que celui qui est nécessaire à leur propre consommation et à celles de leurs hôtes.

Toutefois les six boulangers de Chinon actuellement en exercice et connus sous le nom de fétissiers,
pourront, jusqu'à cessation d'exercice ou décès,
continuer de vendre du pain en boutique, à la char-

ge pour chacun d'eux, d'entretenir constamment en réserve un approvisionnement de dix hectolitres de farine de froment propre au service de la boulangerie.

Il est entendu que ceux qui ne voudront pas profiter de cette faculté pourront, concurremment avec tous autres individus qui voudraient s'établir fourniers à Chinon, continuer à cuire le pain que les particuliers font pour leur usage.

Art. 18. Les boulangers et débitants forains seront admis, concurremment avec les boulangers de Chinon, à vendre ou à faire vendre du pain sur les marchés ou lieux publics et aux jours qui seront désignés par le maire, en se conformant aux règlements.

Art. 19. Le maire de Chinon pourra faire les règlements locaux nécessaires sur la nature, la qualité, la marque et le poids du pain en usage dans cette ville, sur la police des boulangers et débitants forains et des boulangers de Chinon qui ont coutume d'approvisionner les marchés, et sur la taxation des différentes espèces de pain.

Ces règlements ne seront exécutoires qu'après avoir reçu l'approbation de notre ministre de l'intérieur, sur l'avis du préfet et du sous-préfet de l'arrondissement (1).

Art. 20. Les contraventions à la présente ordonnance, autres que celles spécifiées en l'article 12, et aux règlements locaux dont il est fait mention en l'article précédent, seront poursuivies devant les tribunaux compétents, qui pourront pro-

(1) Ne pouvant rapporter ici toutes les ordonnances portant règlement de la boulangerie, j'ai donné la préférence à celles rendues pour Paris et Chinon. Au reste, toutes les ordonnances sur ce sujet contiennent les dispositions dans l'ordonnance que nous rapportons ici, sauf, bien entendu, les différences résultant de la population. — V. la loi du 18 juillet 1837, art. 11, n. 28, et les n. 17 et 42.

noncer l'impression et l'affiche des jugements aux frais des contrevenants.

N. 29.

Ordonnance du roi relative à l'établissement d'un abattoir public à Chinon (Indre-et-Loire). Au château des Tuileries, le 11 février 1829.

Charles, etc. Sur le rapport de notre ministre secrétaire d'état au département de l'intérieur;

Vu la délibération du conseil municipal de la ville de Chinon, département d'Indre-et-Loire, du 26 juin 1828, relative à l'établissement d'un abattoir public et commun; l'avis du préfet, du 5 novembre suivant; notre conseil d'état entendu, nous avons ordonné et ordonnons ce qui suit :

Article 1er. La création d'un abattoir public et commun dans la ville de Chinon, département d'Indre-et-Loire, est autorisée, sous la condition que l'emplacement de l'établissement ne sera fixé qu'après l'accomplissement des formalités exigées par le décret du 15 octobre 1810 et par l'ordonnance du 14 janvier 1815, relativement aux ateliers insalubres ou incommodes de troisième classe (*V. n*os. 20 *et* 25).

Art. 2. Aussitôt que les échaudoirs de cet établissement auront été mis en état de servir, et dans le délai d'un mois au plus tard après que le public en aura été averti par affiches, l'abattage des bœufs, vaches, veaux, moutons et porcs destinés à la consommation des habitants, aura lieu exclusivement dans l'abattoir public, et toutes les tueries particulières seront interdites et fermées.

Toutefois les propriétaires ou particuliers qui élèvent des porcs pour la consommation de leur maison, conserveront la faculté de les abattre chez oux, pourvu que ce soit dans un lieu clos et séparé de la voie publique.

Art. 3. Les bouchers et charcutiers forains pourront également faire usage de l'abattoir public, mais sans y être obligés, soit qu'ils concourent à l'approvisionnement de la ville, soit qu'ils approvisionnent seulement la banlieue.

Hors de la ville, c'est à dire, dans les communes voisines, ils seront libres, ainsi que les bouchers et charcutiers de Chinon, de tenir des abattoirs et des échaudoirs particuliers, sous l'approbation de l'autorité locale.

Art. 4. En aucun cas et pour quelque motif que ce soit, le nombre des bouchers et charcutiers ne pourra être limité : tous ceux qui voudront s'établir à Chinon, seront seulement tenus de se faire inscrire à la mairie, où ils feront connaître le lieu de leur domicile et justifieront de leur patente.

Art. 5. Les bouchers et charcutiers de la ville auront la faculté d'exposer en vente et de débiter de la viande à leur domicile, dans des étaux convenablement appropriés à cet usage, en suivant les règles de police.

Art. 6. Les bouchers et charcutiers forains pourront exposer en vente et débiter de la viande dans la ville, mais seulement sur les lieux et marchés publics désignés par le maire, ainsi que les jours fixés par ce magistrat; et ce, en concurrence avec les bouchers et charcutiers de la ville qui voudront user de la même faculté.

Art. 7. Les droits à payer par les bouchers et charcutiers pour l'occupation des places dans l'abattoir public seront réglés par un tarif arrêté dans la forme ordinaire.

Art. 8. Le maire de la ville de Chinon pourra faire les règlements locaux nécessaires pour le service de l'abattoir public, ainsi que pour le commerce de la boucherie et de la charcuterie; mais ces règlements ne seront exécutoires qu'après avoir reçu l'approbation de notre ministre de l'intérieur sur l'avis du préfet.

N. B. Toutes les ordonnances des villes réglementées sont calquées sur celle ci-dessus, sauf la ville de Paris qui a ses règles à part.— *v. n.* 1. 2, 30, 31 et 41.

N. 30.

Ordonnance du roi portant règlement sur la boucherie de Paris. Le 18 octobre 1829.

Charles, etc. Sur le rapport de notre ministre secrétaire d'état de l'intérieur ;

Vu les ordonnances des 12 janvier et 22 septembre 1825, relatives à la boucherie de Paris.

Les réclamations de l'ancien syndicat de cette boucherie, en date des 4 juillet 1827 et 3 avril 1829 ;

Celles des herbagers et des marchands de bestiaux ;

Les observations et les propositions contenues dans la lettre du préfet de police du 25 février 1828, et dans le rapport du préfet de la Seine, du 26 août 1828 ;

Considérant que l'ordonnance du 12 janvier 1825, avait eu pour but d'encourager la production et l'engrais des bestiaux, et en même temps de réduire à un taux modéré le prix de la viande dans notre bonne ville de Paris, mais qu'au lieu d'amener ce double résultat elle a produit des effets contraires, ainsi que le démontrent les faits recueillis et constatés pendant les cinq dernières années ;

Voulant faire cesser un état de choses qui tend à affecter d'une manière grave les sources de la reproduction des bestiaux, à compromettre la sûreté de l'approvisionnement de notre bonne ville de Paris, et à détruire les garanties de la qualité des viandes livrées à la consommation;

Voulant en même temps satisfaire aux justes doléances du commerce de la boucherie;

Nous avons ordonné et ordonnons ce qui suit :

ARTICLE 1er. Le nombre des individus qui pourront exercer la profession de boucher dans la ville de Paris est, et demeure fixé à quatre cents.

ART. 2. Les étaux qui sont actuellement en activité pourront être successivement rachetés par le syndicat et supprimés jusqu'à réduction du nombre des bouchers à quatre cents : le rachat et la suppression n'auront lieu qu'en vertu d'une autorisation du préfet de police.

ART. 3. Lorsque le nombre des étaux aura atteint la limite ci-dessus fixée, aucun nouveau boucher ne pourra s'établir qu'avec un fonds en activité.

Dans ce cas et comme par le passé, le nouvel exploitant sera tenu de se faire inscrire à la préfecture de police, et d'y produire un certificat de bonne vie et mœurs délivré par le maire de son domicile : ce certificat constatera en outre qu'il a fait un apprentissage, et qu'il connaît suffisamment la pratique de son état.

Sur le vu desdites pièces et l'avis des syndics et adjoints, le préfet de police lui délivrera l'autorisation d'exercer la profession de boucher.

Ladite autorisation énoncera le quartier, la rue ou la place, où le boucher sera établi, elle mentionnera aussi l'obligation souscrite par le boucher de verser son cautionnement dans les délais déterminés à l'article 5 ci-après.

ART. 4. Il ne pourra être délivré d'autorisation au même individu pour exploiter deux ou plusieurs étaux : chacun sera tenu d'exploiter son étal par lui-même.

ART. 5. Chaque boucher, devra fournir pour

son étal un cautionnement fixé à trois mille francs.
Ceux dont les cautionnements déjà versés ne s'éle-
vaient pas au-dessus de mille ou deux mille francs,
devront fournir le supplément nécessaire pour compléter ladite somme.

Le cautionnement, ainsi que le complément du
cautionnement, sera versé à la caisse de Poissy
dans le délai de trois mois. La permission d'exercer
sera retirée à tout boucher qui, à l'expiration de ce
terme, n'aura pas fourni la totalité de son cautionnement.

Art. 6. L'intérêt du cautionnement des bouchers
sera réservé pour subvenir ; 1º au remboursement
du prix des étaux dont le rachat aura été ordonné
par le préfet de police ; 2° aux dépenses du syndicat ; 3º à celles qui concernent le service de la boucherie dans les abattoirs généraux ; 4º aux pensions
et secours accordés par le syndicat à d'anciens bouchers ou employés de la boucherie et à leurs familles : cet intérêt sera compté à raison de cinq pour
cent, sans aucune retenue.

Sont révoquées les dispositions de l'ordonnance
du 22 septembre 1825, d'après lesquelles ces diverses dépenses avaient été mises à la charge de
la ville de Paris, en attribuant à celle-ci les produits des fumiers des bouveries et bergeries, ainsi
que celui des vidanges et voieries provenant de
l'abattoir.

Art. 7. Le syndicat de la boucherie est rétabli.. Le préfet de police nommera parmi les bouchers trente individus, dont dix seront pris dans le
nombre de ceux qui paient le droit proportionnel
des patentes le moins considérable : ces trente individus ou bouchers électeurs nommeront parmi
tous les bouchers, un syndic et six adjoints.

Art. 8. Les syndic et adjoints feront leurs rapports et donneront leur avis au préfet de police, sur
l'exécution de la présente ordonnance et sur toutes

les dispositions de surveillance et de police qui peuvent concerner le commerce de la boucherie ; ils présenteront au même préfet un projet de statutset règlements pour le régime et la discipline intérieure de tout ce qui tient à l'exercice de leur profession ; mais ces actes ne seront exécutoires qu'après avoir été homologués par le ministre de l'intérieur sur l'avis du préfet de police, et dans la forme usitée pour tous les règlements d'administration publique.

ART. 9. Les syndic et adjoints présenteront aussi, le 28 de chaque mois au plus tard, au préfet de police, un état indicatif du crédit individuel qui pourra être accordé à chaque boucher de Paris, sur la caisse de Poissy, pour le mois suivant : ce crédit ne pourra être inférieur au montant du cautionnement de chacun, à moins d'une déclaration contraire de leur part.

ART. 10. Tout étal qui cessera d'être garni de viande pendant trois jours consécutifs, sera fermé pendant six mois.

ART. 11. Il ne pourra être vendu et acheté de bestiaux pour l'approvisionnement de Paris, nulle part ailleurs que dans les marchés de Sceaux, de Poissy, de la halle aux veaux et des vaches grasses.

ART. 12. Tout boucher qui fera des achats ailleurs que sur les marchés autorisés, sera interdit de l'exercice de sa profession pendant six mois ; en cas de récidive, il sera interdit définitivement et son étal sera fermé.

ART. 13. Les bestiaux amenés sur les marchés ci-dessus désignés seront, avant l'ouverture de la vente, soumis à l'inspection de la police, afin de s'assurer s'ils sont en état d'être livrés à la boucherie ; ils devront ensuite être frappés d'une marque particulière qui constate cette vérification.

ART. 14. Il est fait défense expresse de revendre, ni sur pied, ni à la cheville, les bestiaux achetés sur les marchés de Sceaux, de Poissy, de la halle aux veaux et des vaches grasses.

Art. 15. Les bestiaux destinés à la boucherie de Paris et introduits dans cette ville seront abattus exclusivement dans les cinq abattoirs généraux situés aux barrières des Invalides, de Miromesnil, de Rochechouart, d'Ivry, et de Popincourt.

Défenses sont faites d'en abattre dans aucune boucherie, étable, bergerie et abattoir particulier.

Art. 16. Les personnes qui introduiront des bestiaux à Paris, seront tenus de justifier aux employés de l'octroi, ainsi qu'aux préposés de la police des abattoirs, d'un bulletin et certificat qui constate l'achat desdits bestiaux sur les marchés autorisés.

Art. 17. Les bouchers forains seront admis concurremment avec les bouchers de Paris, à vendre ou faire vendre en détail de la viande sur les marchés publics, en se conformant aux règlements de police.

Art. 18. Les ordonnances des 12 janvier et 22 septembre 1825 sont et demeurent révoquées.

Toutefois les dispositions du décret du 6 février 1811, concernant la caisse de Poissy, qui ne sont point contraires à la présente ordonnance, sont maintenues et continueront d'être exécutées dans leur forme et teneur.

V. n. 29.

N. 31.

Ordonnance du roi relative au dépôt de garantie des boulangers de Paris. 19 juillet 1836. Louis-Philippe, etc. sur le rapport, etc. Nous avons ordonné et ordonnons ce qui suit :

Article premier. Le dépôt de garantie de vingt sacs de farine de première qualité, et du poids de 159 kilogrammes le sac, que chaque boulanger est tenu de verser dans un magasin public qui sera fourni gratuitement par la ville de Paris, sera augmenté des trois cinquièmes de l'approvisionnement que chacun d'eux est tenu d'avoir dans ses magasins particuliers, savoir :

Pour le boulanger qui cuit chaque jour quatre sacs de farine et au-dessus. . . . . .84 sacs.

Idem. Trois sacs de farine et au-dessus. 66

Idem. Deux sacs et au-dessus. 48

Idem. Au-dessous de deux sacs. . . . 18

ART. 2. Le préfet de police est chargé de surveiller le dépôt de garantie des boulangers, de prescrire les mesures nécessaires pour le renouvellement et pour en constater l'état. Les règlements qu'il arrêtera seront soumis à l'approbation de notre ministre du commerce et des travaux publics.

N. 32.

Loi du 18 juillet 1837.

ART. 11. Le maire prend des arrêtés à l'effet, 1°. D'ordonner les mesures locales sur les objets confiés par les lois à sa vigilance et à son autorité; 2° De publier de nouveau les lois et règlements de police, et de rappeler les citoyens à leur observation. Les arrêtés pris par le maire sont immédiatement adressés au sous-préfet, le préfet peut les annuler ou en suspendre l'exécution. Ceux de ces arrêtés qui portent règlement permanent ne seront exécutoires qu'un mois après la remise de l'ampliation constatée par les récépissés donnés par le sous-préfet.

N. 33.

Loi du 20 mai 1838, cencernant les vices redhibitoires dans les ventes et échanges d'animaux domestiques.

1. Sont réputés vices rédhibitoires et donneront

seuls ouverture à l'action résultant de l'art. 1641 du code civil, dans les ventes ou échanges des animaux domestiques ci-dessous dénommés, sans distinction des localités où les ventes et échanges auront eu lieu, les maladies ou défauts ci-après, savoir :

Pour le cheval l'âne ou le mulet.

La fluxion périodique des yeux, l'épilepsie ou le mal caduc, la morve, le farcin, les maladies anciennes de poitrine ou vieilles courbatures, l'immobilité, la pousse, le cornage chronique, le tic sans usure des dents, les hernies inguinales intermittentes, la boiterie intermittente pour cause de vieux mal.

Pour l'espèce bovine.

La phtisie pulmonaire ou pommelière, l'épilepsie ou mal caduc.

Les suites de la non-délivrance, le renversement du vagin ou de l'utérus (après le part chez le vendeur.)

Pour l'espèce ovine.

La clavelée : cette maladie reconnue chez un seul animal entraînera la rédhibition de tout le troupeau. La rédhibition n'aura lieu que si le troupeau porte la marque du vendeur. — Le sang de rate : cette maladie n'entraînera la rédhibition du troupeau qu'autant que, dans le délai de la garantie, sa perte constatée s'élèvera au quinzième aumoins des animaux achetés. Dans ce dernier cas, la rédhibition n'aura lieu également que si le troupeau porte la marque du vendeur.

2. L'action en réduction du prix, autorisée par l'art. 1644 du code civil, ne pourra être exercée dans les ventes et échanges d'animaux énoncés dans l'art. 1er ci-dessus.

3. Le délai pour intenter l'action rédhibitoire

sera, non compris le jour fixé pour la livraison de
trente jours pour le cas de fluxion périodique des
yeux et d'épilepsie ou mal caduc. — De neuf jours
pour tous les autres cas.

4. Si la livraison de l'animal a été effectuée, ou
s'il a été conduit, dans les délais ci-dessus, hors
du lieu du domicile du vendeur, les délais seront
augmentés d'un jour par cinq myriamètres de distance du domicile du vendeur au lieu ou l'animal se
trouve.

5. Dans tous les cas, l'acheteur, à peine d'être
non-recevable, sera tenu de provoquer, dans les
délais de l'art. 3, la nomination d'experts chargés
de dresser procès-verbal ; la requête sera présentée au juge de paix du lieu où se trouve l'animal.
Ce juge nommera immédiatement, suivant l'exigence des cas, un ou trois experts, qui devront
opérer dans le plus bref délai.

6. La demande sera dispensée du préliminaire
de conciliation, et l'affaire instruite et jugée comme
matière sommaire.

7. Si pendant la durée des délais fixés par l'art. 3,
l'animal vient à périr, le vendeur ne sera pas tenu
de la garantie, à moins que l'acheteur ne prouve
que la perte de l'animal provient de l'une des maladies spécifiées dans l'art. 1er.

8. Le vendeur sera dispensé de la garantie résultant de la morve et du farcin pour le cheval,
l'âne et le mulet, et de la claveléé pour l'espèce
ovine, s'il prouve que l'animal, depuis la livraison
a été mis en contact avec des animaux atteints de
ces maladies.

V. n. 1 et 2.

N. 34.

Loi du 25 avril 1844, sur les patentes.

Art. 27. Tout patentable est tenu d'exhiber sa

patente lorsqu'il en est requis par les maires, adjoints, juges de paix et tous autres officiers ou agents de police judiciaire.

ART. 28. Les marchandises mises en vente par les individus non munis de patentes, et vendant hors de leur domicile, seront saisies ou séquestrées aux frais du vendeur, à moins qu'il ne donne caution suffisante jusqu'à la représentation de la patente ou la production de la preuve que la patente a été délivrée. Si l'individu non-muni de patente exerce au lieu de son domicile, il sera dressé un procès-verbal qui sera transmis immédiatement aux agents des contributions directes.

Paragraphe deuxième.

ARTICLES EXTRAITS DES CODES.

N. 35.

Code civil.

ART. 6. On ne peut déroger, par des conventions particulières, aux lois qui intéressent l'ordre public et les bonnes mœurs.

ART. 517. Les biens sont immeubles, ou par leur nature, ou par leur destination, ou par l'objet auquel ils s'appliquent.

ART. 528. Sont meubles par leur nature, les corps qui peuvent se transporter d'un lieu à un autre, soit qu'ils se meuvent par eux-mêmes, comme les animaux, soit qu'ils ne puissent changer de place que par l'effet d'une force étrangère, comme les choses inanimées.

ART. 529. Sont meubles par la détermination de la loi, les obligations et actions qui ont pour objet des sommes exigibles ou des effets mobiliers, les actions ou intérêts dans les compagnies de finances, de commerce ou d'industrie, encore que des immeubles dépendants de ces entreprises appartiennent aux compagnies. Ces actions ou intérêts sont réputés meubles à l'égard de chaque associé seulement, tant que dure la société.

Art. 1131. L'obligation sans cause, ou sur une fausse cause, ou sur une cause illicite, ne peut avoir aucun effet.

Art. 1133. La cause est illicite, quand elle est prohibée par la loi, quand elle est contraire aux bonnes mœurs ou à l'ordre public.

Art. 1141. Si la chose qu'on s'est obligé de donner ou delivrer à deux personnes successivement, est purement mobilière, celle des deux qui en a été mise en possession réelle est préférée et en demeure propriétaire; encore que son titre soit postérieur en date, pourvu toutefois que la possession soit de bonne foi.

Art. 1153. Dans les obligations qui se bornent au paiement d'une certaine somme, les dommages-intérêts résultant du retard dans l'exécution ne consistent jamais que dans la condamnation des intérêts fixés par la loi; sauf les règles particulières au commerce et au cautionnement.

Art. 1270. Les créanciers ne peuvent refuser la cession judiciaire, si ce n'est dans les cas exceptés par la loi.

Elle opère la décharge de la contrainte par corps. Au surplus, elle ne libère le débiteur que jusqu'à concurrence de la valeur des biens abandonnés; et dans le cas où ils auraient été insufisants, s'il lui en survient d'autres, il est obligé de les abandonner jusqu'au parfait paiement.

Art. 1382. Tout fait quelconque de l'homme,

qui cause à autrui un dommage, oblige celui par la faute duquel il est arrivé à le réparer.

Art. 1383. Chacun est responsable du dommage qu'il a causé non seulement par son fait, mais encore par sa négligence ou par son imprudence.

Art. 1384. On est responsable non seulement du dommage que l'on cause par son propre fait, mais encore de celui qui est causé par le fait des personnes dont on doit répondre, ou des choses que l'on a sous sa garde.

Le père et la mère après le décès du mari, sont responsables du dommage causé par leurs enfants mineurs habitant avec eux.

Les maîtres et les commettants du dommage causé par leurs domestiques et préposés dans les fonctions auxquels ils les ont employés.

Les instituteurs et les artisans, du dommage causé par leurs élèves et apprentis pendant le temps qu'ils sont sous leur surveillance.

La responsabilité ci-dessus a lieu, à moins que les pères et mères, instituteurs et artisans, ne prouvent qu'ils n'ont pu empêcher le fait qui donne lieu à cette responsabilité.

Art. 1585. Lorsque des marchandises ne sont pas vendues en bloc, mais au poids, au compte ou à la mesure, la vente n'est point parfaite, en ce sens que les choses vendues sont aux risques du vendeur jusqu'à ce qu'elles soient pesées, comptées ou mesurées; mais l'acheteur peut en demander ou la délivrance ou des dommages-intérêts, s'il y a lieu, en cas d'inexécution de l'engagement.

Art. 1586. Si au contraire, les marchandises ont été vendues en bloc, la vente est parfaite, quoique les marchandises n'aient pas encore été pesées, comptées ou mesurées.

Art. 1587. A l'égard du vin, de l'huile, et des autres choses que l'on est dans l'usage de goûter avant d'en faire l'achat, il n'y a point de vente tant que l'acheteur ne les a pas goûtées et agréées.

Art. 1598. Tout ce qui est dans le commerce peut-être vendu, lorsque des lois particulières n'en ont pas prohibé l'aliénation.

Art. 1608. Les frais de la délivrance sont à la charge du vendeur, et ceux de l'enlèvement à la charge de l'acheteur, s'il n'y a eu stipulation contraire.

Art. 1641. Le vendeur est tenu de la garantie à raison des défauts cachés de la chose vendue qui la rendent impropre à l'usage auquel on la destine, ou qui diminue tellement cet usage, que l'acheteur ne l'aurait pas acquise, ou n'en aurait donné qu'un moindre prix, s'il les avait connus.

Art. 1642. Le vendeur n'est pas tenu des vices apparents et dont l'acheteur a pu se convaincre lui-même.

Art. 1643. Il est tenu des vices cachés, quand même il ne les aurait pas connus, à moins que, dans ce cas, il n'ait stipulé qu'il ne sera obligé à aucune garantie.

Art. 1644. Dans le cas des articles 1641 et 1643, l'acheteur a le choix de rendre la chose et de se faire restituer le prix, ou de garder la chose et de se faire rendre une partie du prix, telle qu'elle sera arbitrée par experts.

Art. 1645. Si le vendeur connaissait les vices de la chose, il sera tenu outre la restitution du prix qu'il en a reçu, de tous les dommages et arrêts envers l'acheteur.

Art. 1646. Si le vendeur ignorait les vices de la chose, il ne sera tenu qu'à la restitution du prix, et à rembourser à l'acquéreur les frais occasionnés par la vente.

Art. 1647. Si la chose qui avait des vices a péri par suite de sa mauvaise qualité, la perte est pour le vendeur, qui sera tenu envers l'acheteur à la restitution du prix, et aux autres dédommagements expliqués dans les deux articles précédents.

Mais la perte arrivée par cas fortuits sera pour le compte de l'acheteur.

Art. 1648. L'action résultant des vices rédhibitoires doit être intentée par l'acquéreur, dans un bref délai, suivant la nature des vices rédhibitoires et l'usage des lieux ou la vente a été faite.

Art. 1649. Elle n'a pas lieu dans les ventes faites par autorité de justice.

Art. 1657. En matière de ventes de denrées... La résolution de la vente aura lieu de plein droit et sans sommations, au profit du vendeur, après l'expiration du terme convenu pour le retirement.

Art. 2073. Le gage confère au créancier le droit de se faire payer sur la chose qui en est l'objet, par privilège et préférence aux autres créanciers.

Art. 2079. Jusqu'à l'expropriation du débiteur, s'il y a lieu, il reste propriétaire du gage, qui n'est dans la main du créancier, qu'un dépôt assurant le privilège de celui-ci.

Art. 2092. Quiconque s'est obligé personnellement est tenu de remplir son engagement sur tous ses biens mobiliers et immobiliers, présents et à venir.

Art. 2093. Les biens du débiteur sont le gage commun de ses créanciers; et le prix s'en distribue entre eux par contribution, à moins qu'il n'y ait entre les créanciers des causes légitimes de préférence.

Art. 2094. Les causes légitimes de préférence sont les priviléges et hypothèques.

Art. 2095. Le privilége est un droit que la qualité de la créance donne à un créancier d'être préféré aux autres créanciers, même hypothécaires.

Art. 2096 Entre les créanciers privilégiés, la préférence se règle par les différentes qualités des priviléges.

Art. 2097. Les créanciers privilégiés qui sont dans le même rang, sont payés par concurrence.

Art. 2098. Le privilége, à raison des droits du trésor royal, et l'ordre dans lequel il s'exerce, sont réglés par les lois qui les concernent.

Le trésor royal ne peut cependant obtenir de privilége au préjudice des droits antérieurement acquis à des tiers.

Art. 2099. Les priviléges peuvent être sur les meubles ou sur les immeubles.

Art. 2100. Les priviléges sont ou généraux, ou particuliers sur certains meubles.

Art. 2101. Les créances privilégiées sur la généralité des meubles sont celles ci-après exprimées, et s'exercent dans l'ordre suivant:

1° Les frais de justice;

2° Les frais funéraires;

3° Les frais quelconques de la dernière maladie, concurremment entre ceux à qui ils sont dus;

4° Les salaires des gens de service, pour l'année échue et ce qui est dû sur l'année courante.

5° Les fournitures de subsistances faites au débiteur et à sa famille, savoir : pendant les six derniers mois, par les marchands en détail, tels que boulangers, bouchers et autres, et pendant la dernière année, par les maîtres de pension et marchands en gros.

Art. 2102. Les créances privilégiées sur certains meubles sont :

1° Les loyers et fermages des immeubles, sur les fruits de la récolte de l'année, et sur le prix de tout ce qui garnit la maison louée ou la ferme, et de tout ce qui sert à l'exploitation de la ferme ; savoir, pour tout ce qui est échu, et pour tout ce qui est à écheoir, si les baux sont authentiques, ou si, étant sous signature privée, ils ont une date certaine ; et dans ces deux cas, les autres créanciers ont le droit de relouer la maison ou la ferme pour e restant du bail, et de faire leur profit des baux ou fermages, à la charge toutefois de payer au propriétaire tout ce qui lui serait encore dû ;

Et, à défaut de baux authentiques, ou lorsqu'étant sous signature privée, ils n'ont pas une date certaine, pour une année à partir de l'expiration de l'année courante;

Le même privilége a lieu pour les réparations locatives, et pour tout ce qui concerne l'exécution du bail;

Néanmoins les sommes dues pour les semences ou pour les frais de la récolte de l'année, sont payées sur le prix de la récolte, et celles dues pour ustensiles, sur le prix de ces ustensiles, par préférence au propriétaire dans l'un et l'autre cas :

Le propriétaire peut saisir les meubles qui garnissent sa maison ou sa ferme, lorsqu'ils ont été déplacés sans son consentement, et il conserve sur eux son privilége, pourvu qu'il ait fait la revendication; savoir, lorsqu'il s'agit du mobilier qui garnissait une ferme, dans le délai de quarante jours ; et dans celui de quinzaine, s'il s'agit des meubles garnissant une maison ;

2° La créance sur le gage dont le créancier est saisi;

3° Les frais faits pour la conservation de la chose.

4° Le prix d'effets mobiliers non payés, s'ils sont encore en la possession du débiteur, soit qu'il ait acheté à terme ou sans terme;

Si la vente a été faite sans terme, le vendeur peut même revendiquer ces effets tant qu'ils sont en la possession de l'acheteur, et en empêcher la revente, pourvu que la revendication soit faite dans la huitaine de la livraison, et que les effets se trouvent dans le même état dans lequel cette livraison a été faite;

Le privilége du vendeur ne s'exerce toutefois

qu'après celui du propriétaire de la maison ou de la ferme, à moins qu'il ne soit prouvé que le propriétaire avait connaissance que les meubles et autres objets garnissant sa maison ou sa ferme n'appartenaient pas au locataire.

Il n'est rien innové aux lois et usages du commerce sur la revendication ;

5° Les fournitures d'un aubergiste, sur les effets du voyageur qui ont été transportés dans son auberge ;

6° Les frais de voiture et les dépenses accessoires, sur la chose voiturée ;

7° Les créances résultant d'abus et prévarication commises par les fonctionnaires publics dans l'exercice de leurs fonctions, sur les fonds de leur cautionnement et sur les intérêts qui en peuvent être dus.

Art. 2103. Les créanciers privilégiés sur les immeubles sont :

1° Le vendeur, sur l'immeuble vendu, pour le paiement du prix ;

S'il y a plusieurs ventes successives dont le prix soit dû en tout ou en partie, le premier vendeur est préféré au second, le deuxième au troisième, et ainsi de suite ;

2° Ceux qui ont fourni les deniers pour l'acquisition d'un immeuble, pourvu qu'il soit authentiquement constaté, par l'acte d'emprunt, que la somme était destinée à cet emploi, et par la quittance du vendeur, que ce paiement a été fait des deniers empruntés ;

3° Les co-héritiers, sur les immeubles de la succession, pour la garantie des partages faits entre eux, et des soulte ou retour de lots ;

4° Les architectes, entrepreneurs, maçons et autres ouvriers employés pour édifier, reconstruire ou réparer des bâtiments, canaux, ou autres ouvrages quelconques, pourvu néanmoins que, par un

expert nommé d'office par le tribunal de première
instance dans le ressort duquel les bâtiments sont
situés, il ait été dressé préalablement un procès-
verbal, à l'effet de constater l'état des lieux relativement aux ouvrages que le propriétaire déclarera
avoir dessein de faire, et que les ouvrages aient été,
dans les six mois au plus de leur perfection, reçus
par un expert également nommé d'office;

Mais le montant du privilége ne peut excéder les
valeurs constatées par le second procès-verbal, et
il se réduit à la plus-value existante à l'époque de
l'aliénation de l'immeuble et résultant des travaux
qui y ont été faits;

5o Ceux qui ont prêté les deniers pour payer ou
rembourser les ouvriers, jouissent du même privilége, pourvu que cet emploi soit authentiquement
constaté par l'acte d'emprunt et par la quittance
des ouvriers, ainsi qu'il a été dit ci-dessus pour
ceux qui ont prêté les deniers pour l'acquisition
d'un immeuble.

Art. 2104. Les priviléges qui s'étendent sur les
meubles et les immeubles sont ceux énoncés en
l'article 2101.

Art. 2105. Lorsqu'à défaut du mobilier les privilégiés énoncés en l'article précédent se présentent
pour être payés sur le prix d'un immeuble en
concurrence avec les créanciers privilégiés sur
l'immeuble, les paiements se font dans l'ordre qui
suit :

1o Les frais de justice et autres énoncés en l'article 2101 ;

2o Les créances désignées en l'article 2103.

Section iv. *Comment se conservent les priviléges.*

Art. 2106. Entre les créanciers, les priviléges ne
produisent d'effet à l'égard des immeubles qu'autant
qu'ils sont rendus publics par inscription sur les
registres du conservateur des hypothèques, de la

manière déterminée par la loi, et à compter de la date de cette inscription, sous les seules exceptions qui suivent :

Art. 2107. Sont exceptées de la formalité de l'inscription, les créances énoncées en l'article 2101.

Art. 2112. Les cessionnaires de ces diverses créances privilégiées exercent tous, les mêmes droits que les cédans, en leur lieu et place.

Art. 2272. L'action.... des marchands pour les marchandises qu'ils vendent aux particuliers non marchands....

Se prescrivent par un an.

Art. 2279. En fait de meubles, la possession vaut titre.

Néanmoins celui qui a perdu ou auquel il a été volé une chose, peut la revendiquer pendant trois ans, à compter du jour de la perte ou du vol, contre celui dans les mains duquel il l'a trouve, sauf à celui-ci son recours contre celui duquel il l'a tient.

Art. 2280. Si le possesseur actuel de la chose volée ou perdue l'a acheté dans une foire ou dans un marché, ou dans une vente publique, ou d'un marchand vendant des choses pareilles, le propriétaire originaire ne peut se la faire rendre qu'en remboursant au possesseur le prix qu'elle lui a coûté.

N° 36.

Code de procédure civile.

Art. 592. Ne pourront être saisis :

1°.... 6° Les outils des artisans, nécessaires à leurs occupations personnelles.

Art. 662. Les frais de poursuite seront prélevés, par privilége, avant toute créance autre que celle pour loyers dûs au propriétaire.

Art. 905. Ne pourront être admis au bénéfice de cession, les étrangers, les stellionataires, les

banqueroutiers frauduleux, les personnes condamnées pour cause de vol ou d'escroquerie, ni les
personnes comptables, tuteurs, administrateufs et
dépositaires.

Art. 906. Il n'est, au surplus, rien préjugé,
par les dispositions du présent titre, à l'égard du
commerce, aux usages duquel il n'est, quand à
présent, rien innové.

N° 37.

Code de commerce.

Art. 1er. Sont commerçants ceux qui exercent
des actes de commerce, et en font leur profession
habituelle.

N° 38.

Code d'instruction criminelle.

Art. 137. Sont considérés comme contraventions
de police simple, les faits qui, d'après les dispositions du 4e livre du code pénal peuvent donner
lieu, soit à 15 francs d'amende ou au-dessous, soit à
5 jours d'emprisonnement ou au-dessous, qu'il y ait
ou non confiscation des choses saisies, et quelle
qu'en soit la valeur.

Art. 138. La connaissance des contraventions de
police est attribuée au juge de paix et au maire,
suivant les règles et les distinctions qui seront ci-
après établies.

Art. 139. Les juges de paix connaîtront exclusivement :

1o Des contraventions commises dans l'étendue
de la commune, chef-lieu du canton.

2o Des contraventions dans les autres communes
de leur arrondissement, lorsque, hors le cas où les
coupables auront été pris en flagrant délit, les contraventions auront été commises par des personnes

non domiciliées ou non présentes dans la commune, ou lorsque les témoins qui doivent déposer n'y sont pas résidants ou présents.

3° Des contraventions à raison desquelles la partie qui réclame conclut, pour ses dommages-intérêts, à une somme indéterminée ou à une somme excédant 15 francs.

4° Des contraventions forestières poursuivies à la requête des particuliers.

5° Des injures verbales.

6° Des affiches, annonces, ventes, distributions ou débits d'ouvrages, écrits ou gravures contraires aux mœurs.

7° De l'action contre les gens qui font le métier de deviner et pronostiquer, ou d'expliquer les songes.

Art. 159. Si le fait ne présente ni délit ni contravention de police, le tribunal annulera la citation et tout ce qui aura suivi, et statuera par le même jugement sur les demandes en dommages et intérêts.

Art. 160. Si le fait est un délit qui emporte une peine correctionnelle ou plus grave, le tribunal renverra les parties devant le procureur du roi.

Art. 161. Si le prévenu est convaincu de contravention de police, le tribunal prononcera la peine, et statuera par le même jugement sur les demandes en restitution et en dommages-intérêts.

Art. 345. Le chef du jury lira successivement chacune des questions posées comme il est dit en l'art. 336, et le vote aura lieu ensuite au scrutin secret, tant sur le fait principal et les circonstances aggravantes que sur l'existence des circonstances atténuantes.

N° 39.

Code pénal.

Art. 4. Nulle contravention, nul délit, nul crime,

ne peuvent être punis de peines qui n'étaient pas prononcées par la loi avant qu'ils fussent commis.

Art. 55. Tous les individus condamnés pour un même crime ou pour un même délit, seront tenus solidairement des amendes, des restitutions, des dommages-intérêts et des frais.

Art. 65. Nul crime ou délit ne peut être excusé, ni la peine mitigée, que dans les cas et dans les circonstances où la loi déclare le fait excusable, ou permet de lui appliquer une peine moins rigoureuse.

Art. 74. Dans les autres cas de responsabilité civile, qui pourront se présenter dans les affaires criminelles, correctionnelles ou de police, les cours et les tribunaux devant qui ces affaires seront portées, se conformeront aux dispositions du code civil, livre 3, titre 4, chapitre 2.

Art. 176. Tout commandant des divisions militaires, des départements ou des places et villes, tout préfet ou sous-préfet, qui aura, dans l'étendue des lieux où il a droit d'exercer son autorité, fait ouvertement, ou par des actes simulés, ou par interposition de personnes, le commerce de grains, grenailles, farines, substances farineuses, vins ou boissons, autres que ceux provenant de ses propriétés, sera puni d'une amende de cinq cents francs au moins, de dix mille francs au plus, et de la confiscation des denrées appartenant à ce commerce.

Art. 211. Si la rébellion a été commise par une réunion armée de trois personnes ou plus, jusqu'à vingt inclusivement, la peine sera la réclusion ; s'il n'y a pas eu port d'armes, la peine sera un emprisonnement de six mois au moins et de deux ans au plus.

Art. 212. Si la rébellion n'a été commise que par une ou deux personnes avec armes, elle sera punie d'un emprisonnement de six mois à deux ans, et si elle a eu lieu sans armes, d'un emprisonnement de six jours à six mois.

Art. 318. Quinconque aura vendu ou débité des boissons falsifiées, contenant des mixtions nuisibles à la santé, sera puni d'un emprisonnement de six jours à deux ans, et d'une amende de 16 fr. à 500 fr.

Seront saisies et confisquées les boissons falsifiées trouvées appartenir au vendeur ou débitant.

Art. 379. Quiconque a soustrait frauduleusement une chose qui ne lui appartient pas, est coupable de vol.

Art. 387. Les voituriers, bateliers ou leur préposés, qui auront altéré des vins ou toute autre espèce de liquides ou de marchandises dont le transport leur avait été confié, et qui auront commis cette altération par le mélange de substances malfaisantes, seront punis de la peine portée au précédent article (la réclusion).

S'il n'y a pas eu mélange de substances malfaisantes, la peine sera d'un mois à un an, et une amende de 16 fr. à 100 fr.

Art. 408. Quiconque aura détourné ou dissipé, au préjudice des propriétaires, possesseurs ou détenteurs, des effets, deniers, marchandises, billets, quittances ou tous autres écrits contenant ou opérant, obligations ou décharge, qui ne lui auraient été remis qu'à titre de louage, de dépôt, de mandat, ou pour un travail salarié ou non salarié, à la charge de les rendre ou représenter, ou d'en faire un usage ou un emploi déterminé, sera puni des peines portées en l'article 406.

Si l'abus de confiance prévu et puni par le précédent paragraphe, a été commis par un domestique, homme de service à gage, élève, clerc, commis, ouvrier, compagnon ou apprenti, au préjudice de son maître, la peine sera celle de la réclusion.

Le tout sans préjudice de ce qui est dit aux articles 254, 255 et 256, relativement aux soustractions et enlèvements de deniers, effets ou pièces commis dans les dépôts publics.

Art. 419. Tous ceux qui par des faits faux ou calomnieux semés à dessein dans le public, par des sur-offres faites aux prix que demandaient les vendeurs eux-mêmes, par réunion ou coalition, entre les principaux détenteurs d'une même marchandise ou denrée, tendant à ne la pas vendre, ou à ne la vendre qu'à un certain prix, ou qui, par des voies ou moyens frauduleux quelconques, auront opéré la hausse ou la baisse du prix des denrées ou marchandises ou des papiers et effets publics au-dessus ou au-dessous des prix qu'aurait déterminé la concurrence naturelle et libre de commerce, seront punis d'un emprisonnement d'un mois au moins, d'un an au plus, et d'une amende de 500 fr. à dix mille fr. : les coupables pourront de plus être mis par l'arrêt ou le jugement, sous la surveillance de la haute police pendant deux ans au moins et cinq ans au plus.

Art. 420. La peine sera d'un emprisonnement de deux mois au moins et de deux ans au plus, et d'une amende de 1,000 fr. à 20,000 fr., si ces manœuvres ont été pratiquées sur grains, grenailles, farines, substances farineuses, pain, vin, ou toute autre boisson.

Art. 423. . . . . Quiconque, par usage de faux poids ou de fausses mesures, aura trompé sur la quantité des choses vendues, sera puni de l'emprisonnement pendant trois mois, au moins, un an au plus, et d'une amende qui ne pourra excéder le quart des restitutions et dommages-intérêts, ni être au-dessous de 50 fr.

Les objets du délit, ou leur valeur, s'ils appartiennent encore au vendeur, seront confisqués : les faux poids et les fausses mesures seront aussi confisqués, et de plus seront brisés.

Art. 440. Tout pillage, tout dégât de denrées ou marchandises, effets, propriétés mobilières ; commis en réunion ou bande et à force ouverte, sera puni des travaux forcés à temps ; chacun des coupables sera de plus condamné à une amende de 200 à 5,000 fr.

Art. 441. Néanmoins, ceux qui prouveront avoir été entraînés par des provocations ou sollicitations à prendre part à ces violences, pourront n'être punis que de la peine de la réclusion.

Art. 442. Si les denrées pillées ou détruites sont des grains, grenailles ou farines, substances farineuses, pain, vin ou autre boisson, la peine que subiront les chefs, instigateurs ou provocateurs seulement, sera le *maximum* des travaux forcés à temps, et celui de l'amende prononcée par l'art. 440.

Art. 449. Quiconque aura coupé des grains ou des fourrages qu'il savait appartenir à autrui, sera puni d'un emprisonnement qui ne sera pas au-dessous de six jours ni au-dessus de deux mois.

Art. 450. L'emprisonnement sera de vingt jours au moins et de quatre mois au plus, s'il a été coupé du grain en vert.

Dans les cas prévus par le présent article..., si le fait a été commis en haine d'un fonctionnaire public et à raison de ses fonctions, le coupable sera puni du *maximum* de la peine établie par l'article auquel le cas se référera.

Il en sera de même, quoique cette circonstance n'existe point, si le fait a été commis pendant la nuit.

Art. 464. Les peines de police sont :

L'emprisonnement.

L'amende.

Et la confiscation de certains objets saisis.

Art. 470. Les tribunaux de police pourront aussi, dans les cas déterminés par la loi, prononcer la confiscation, soit des choses saisies en contraventions, soit des choses produites par la contravention, soit des matières ou des instruments qui ont servi ou étaient destinés à la commettre.

ATR. 471. Seront punis d'amende, depuis un franc jusqu'à cinq francs inclusivement :

1°.... 4. Ceux qui auront embarrassé la voie publique, en y déposant ou y laissant sans nécessité, des matériaux ou des choses quelconques qui empêchent ou diminuent la liberté ou la sûreté du passage. . . . .

15° Ceux qui auront contrevenu aux règlements légalement faits par l'autorité administrative, et ceux qui ne se seront pas conformés aux règlements ou arrêts publiés par l'autorité municipale, en vertu des art. 3 et 4, titre xi de la loi du 16 et 24 août 1790, et de l'art. 46, titre 1er de la loi du 19-22 juillet 1791.

ART. 475. Seront punis d'amende, depuis six francs jusqu'à dix francs inclusivement :

N° 14. Ceux qui exposent en vente des comestibles gâtés, corrompus ou nuisibles.

ART. 477. Seront saisis et confisqués 1°..... 4. Les comestibles gâtés, corrompus ou nuisibles. Ces comestibles seront détruits.

ART. 478. La peine de l'emprisonnement pendant cinq jours au plus sera toujours prononcée, en cas de récidive, contre toutes les personnes mentionnées dans l'art. 475.

ART. 479. Seront punis d'une amende de 11 à 15 francs inclusivement : 1°..... 5. Ceux qui auront de faux poids ou de fausses mesures dans leurs magasins, boutiques, ateliers, ou maison de commerce, ou dans les halles foires ou marchés, sans préjudice des peines qui seront prononcées par les tribunaux de police correctionnelle contre ceux qui auraient fait usage de ces faux poids ou de ces fausses mesures.

6° Ceux qui emploieront des poids ou des mesures différents de ceux qui sont établis par les lois en vigueur.

Les boulangers et bouchers qui vendront le pain ou la viande au-delà du prix fixé par la taxe légalement faite et publiée.

Art. 480. Pourra, selon les circonstances, être prononcée la peine d'emprisonnement pendant cinq jours au plus.

1°.... 2. Contre les possesseurs de faux poids et de fausses mesures; 3° contre ceux qui emploient des poids et des mesures différents de ceux que la loi en vigueur a établis; contre les boulangers et bouchers, dans les cas prévus par le § 6 de l'article précédent...

Art. 481. Seront de plus saisis et confisqués: 1°. Les faux poids, les fausses mesures, ainsi que les poids et les mesures différents de ceux que la loi a établis.

Art. 482. La peine d'emprisonnement pendant cinq jours aura toujours lieu, pour récidive, contre les personnes et dans les cas mentionnés en l'art. 479.

Art. 484. Dans toutes les matières qui n'ont pas été réglées par le présent code et qui sont régies par des lois et règlements particuliers, les cours et les tribunaux continueront de les observer.

N. 40.

Code Forestier.

Art. 182. Si dans une instance en réparation de délit ou contravention, le prévenu excipe d'un droit de propriété ou autre droit réel, le tribunal saisi de la plainte statuera sur l'incident en se conformant aux règles suivantes:

L'exception préjudicielle ne sera admise qu'autant qu'elle sera fondée, soit sur un titre apparent, soit sur des faits de possession équivalents, personnels au prévenu et par lui articulés avec précision, et si le titre produit et les faits articulés sont de nature, dans le cas où ils seraient reconnus par l'autorité compétente, à ôter au fait qui sert de base aux poursuites tout caractère de délit ou de contravention. Dans le cas de renvoi à fins civiles, le jugement fixera un bref délai dans lequel la partie qui aura élevé la question préjudicielle devra saisir les juges compétents de la connaissance du litige et justifier de ses diligences; sinon il sera passé outre. Toutefois, en cas de condamnation, il sera sursis à l'exécution du jugement, sous le rapport de l'emprisonnement, s'il était prononcé, et le montant des amendes, restitutions et dommages-intérêts sera versé à la caisse des dépôts et consignations, pour être remis à qui il sera ordonné par le tribunal qui statuera sur le fond du droit.

<h1 style="text-align:center">N° 41.</h1>

Etat alphabétique des communes où il a été établi et organisé des abattoirs publics et communs et où la boucherie a été réglementée par ordonnance royale.

1. Agde.
2. Aigues-Mortes.
3. Alais.
4. Alby.
5. Alençon.
6. Alckirch.
7. Amiens.
8. Ancis-le-Franc.
9. Angers.
10. Antibes.
11. Apt.
12. Arcis-sur-Aube.

13. Argentan.
14. Argenton.
15. Arles.
16. Arras.
17. Astaffort.
18. Aubenas.
19. Aubusson.
20. Auch.
21. Auray.
22. Autun.
23. Avesne.
24. Avignon.
25. Badonviller.
26. Bagnères.
27. Bagnols.
28. Bailleul.
29. Bar-le-Duc.
30. Bar-sur-Aube.
31. Bar-sur-Seine.
32. Barbentane.
33. Batignolles-Montceaux (Les).
34. Bayonne.
35. Beaucaire.
36. Beaumont.
37. Beauvais.
38. Bédarieux.
39. Belfort.
40. Belley.
41. Belleville.
42. Bergerac.
43. Bergeim.
44. Besançon.
45. Bidache.
46. Blagnac.
47. Blamont.
48. Blanc. (Le
49. Blois.
50. Bordeaux.

51. Boulogne.
52. Bourbon-Vendée.
53. Bourgoin.
54. Bourg-du-Péage.
55. Boussac.
56. Bressuire.
57. Brignoles.
58. Caderousse.
59. Caen.
60. Cahors.
61. Calais.
62. Cambrai.
63. Carcassonne.
64. Castel-Sarrasin.
65. Castres.
66. Caussade.
67. Cazères.
68. Cernay.
69. Ceret.
70. Cette.
71. Chalons-sur-Marne.
72. Charité. (La)
73. Charleville.
74. Charolles.
75. Chartres.
76. Chateau-gonthier.
77. Chateauroux.
78. Chaumont.
79. Chinon.
80. Chatillon-sur-Seine.
81. Cholet.
82. Cibonre.
83. Clayette. (La)
84. Clermont-Ferraud.
85. Cluny.
86. Cognac.
87. Colmar.
88. Colomiers.

89. Condom.
90. Cugneaux.
91. Cusset.
92. Décize.
93. Dieppe.
94. Dieuze.
95. Dôle (Jura).
96. Douai.
97. Dunkerque.
98. Epinal.
99. Esperaza.
100. Etavi.
101. Evol.
102. Evreux.
103. Figeac.
104. Forbach.
105. Fleurance.
106. Florensac.
107. Fontenay.
108. Foug.
109. Fumay.
110. Gerardmer.
111. Gimont.
112. Graulhet.
113. Gray.
114. Grizolles.
115. Guebwiller.
116. Hagueneau.
117. Hasparren.
118. Hâvre (Le).
119. Ile-en-Dodon.
120. Illiers.
121. Jngersheim.
122. Joigny.
123. Langres.
124. Launac.
125. Lavaur.
126. Lectoure.

127. Lille.
128. L'isle.
129. Limoges.
130. Lizieux.
131. Lodève.
132. Lorient.
133. Lunel.
134. Lunéville.
135. Lure.
136. Luxeuil.
137. Lyon.
138. Mans. (Le)
139. Marciac.
140. Marcigny.
141. Marcillargues.
142. Marvéjols.
143. Maubeuge.
144. Maubourguet.
145. Mazeres.
146. Melun.
147. Merlerault.
148. Metz.
149. Mézières.
150. Milhau.
151. Mirande.
152. Molsheim.
153. Mondragon.
154. Montauban.
155. Montcenis.
156. Montluçon.
157. Montmorot.
158. Montmorillon.
159. Montrichard.
160. Moulins.
161. Mulhausen.
162. Nancy.
163. Nantes.
164. Nantua.

165. Narbonne.
166. Ney.
167. Négrépelisse.
168. Nerac.
169. Nevers.
170. Niederbronn.
171. Nimes.
172. Nogent-sur-Seine.
173. Nolay
174. Nuitz.
175. Obernay.
176. Olette.
177. Orange.
178. Orgelet.
179. Ornans.
180. Palud (La).
181. Paray.
182. Paris.
183. Perigueux.
184. Perpignan.
185. Peyrehorade.
186. Pignan.
187. Pont-à-Mousson.
188. Prades.
189. Premery.
190. Privas.
191. Puy. (Le)
192. Quillan.
193. Rambouillet.
194. Raon-l'Etape.
195. Reims.
196. Remiremont.
197. Rennes.
198. Ribeauvillé.
199. Riom.
200. Roche-Posay. (La)
201. Roquemaure.
202. Rosière-aux-Salines.

203. Rouen.
204. Rouffach.
205. Sables. (Les)
206. Saint-Amour.
207. Saint-Antonin.
208. Saint-Beat.
209. Saint-Denis.
210. Saint-Dié.
211. Saint-Esprit.
211. *bis.* Saint-Etienne.
212. Saint-Gaudens.
213. Saint-Geniés.
214. Saint-Gilles.
215. Saint-Girons.
216. Saint-Marcellin.
217. Saint-Michel.
218. Saint-Nicolas.
219. Saint-Omer.
220. Saint-Quentin.
221. Saint-Tropez.
222. Sainte-Menehould.
223. Saintes.
224. Salies.
225. Sarreguemines.
226. Schelestad.
227. Sedan.
228. Semur.
229. Sens.
230. Seure.
231. Seyne. (La)
232. Sijan.
233. Sommières.
234. Soissons.
235. Soultz.
236. Stenay.
237. Tarascon.
238. Tarbes.
239. Thann.

240. Thiaucourt.
241. Thiers.
242. Thouars.
243. Thuir.
244. Toul.
245. Toulouse.
246. Tournus.
247. Tours.
248. Troyes.
249. Tullins.
250. Turckeim.
251. Uzès.
252. Valence.
253. Valenciennes.
254. Valréas.
255. Vannes.
256. Vaucouleurs.
257. Vauvert.
258. Vence.
259. Vendôme.
260. Verdun.
261. Versailles.
262. Vesoul.
263. Vézelise.
264. Vic-Bigorre.
265. Vienne.
266. Villefranche (Pyrénées Orien.)
267. Villeneuve.
268. Villeneuve-de-Bérg.
269. Villersexel.
270. Vinay.
271. Vinça.
272. Vitry-le-Français.
273. Wintzenheim.

Toutes ces ordonnances fixent l'époque où il devra être fait usage des établissements qu'elles autorisent, déterminent leurs rapports avec les bouchers forains décident comment seront réglés les droits à payer par les bouchers, charcutiers, et comment seront faits les règlements locaux nécessaires pour le service intérieur de ces mêmes établissements.

Nous rapportons, comme exemple de ces ordonnances, celle de Chinon, à la date du 11 février 1819.

Nº 42.

Etat alphabétique des communes où la boulangerie est règlementée par des ordonnances royales et dates de ces ordonnances.

Abbeville, 31 janvier 1816.
Agen, 25 février 1817.
Aire, 3 janvier 1822.
Aix, 30 septembre 1814.
Alais, 2 avril 1817.
Alby, 10 janvier 1816.
Alençon, 22 janvier 1817.
Amiens, 23 novembre 1813.
Angers, 22 octobre 1817.
Angoulême, 26 mars 1817.
Antibes, 11 avril 1827, 4 avril 1833.
Arles, 12 février 1814.
Armentières, 23 juin 1819.
Arras, 4 février 1815.
Aubenas, 23 juin 1819.
Auch, 6 août 1823.
Autun, 21 mai 1817.
Auxerre, 18 janvier 1816.
Avignon, 3 décembre 1813.
Bar-le-Duc, 23 juin 1819.
Bayeux, 20 novembre 1816.
Bayonne, 18 décembre 1816.
Beaucaire, 22 octobre 1817.
Beauvais, 6 août 1823.
Bergerac, 26 mars 1817.
Bergues, 12 juin 1822.
Bernay, 23 mai 1827.

Besançon, 5 avril 1813.
Beziers, 20 juin 1816.
Blaye, 21 mai 1823.
Blois, 26 mai 1824.
Bolbec, 23 juin 1819.
Bordeaux, 22 décembre 1812.
Boulogne-sur-Mer, 26 février 1817.
Bourg, 10 octobre 1816.
Bourges, 23 juin 1819.
Caen, 3 juillet 1816.
Calais, 26 février 1817.
Cambrai, 22 octobre 1817.
Carcassonne, 5 février 1817.
Castelnaudary, 26 février 1817.
Castillion, 20 avril 1817.
Castres, 3 décembre 1817.
Châlons-sur-Marne, 22 octobre 1817.
Châlons-sur-Saône, 5 février 1817.
Chartres, 5 février 1817.
Châteaudun, 22 octobre 1817.
Chinon, 9 août 1826.
Clairac, 21 mai 1817.
Colmar, 22 janvier 1817.
Condé-sur-Noireau, 23 juin 1819.
Croix-Rousse, 30 juillet 1823.
Dieppe, 23 juin 1819.
Dijon, 25 septembre 1813.
Douai, 26 octobre 1814.
Draguignan, 3 janvier 1822, 22 décembre 1824.
Dunkerque, 30 septembre 1814.
Elbeuf, 31 mai 1817.
Evreux, 26 octobre 1814.
Falaise, 3 janvier 1822.
Fecamp, 26 février 1817.
Fontenay-le-Comte, 22 mars 1826.
Gaillac, 3 décembre 1817.
Gien, 6 août 1823.

Grasse, 29 janvier 1814.
Grenoble, 20 novembre 1816.
Guillotière, 30 juillet 1823.
Honfleur, 3 janvier 1822.
Hyères, 6 août 1823.
La Flèche, 28 mai 1817.
Langres, 26 février 1817.
La Réole, 2 avril 1817.
La Rochelle, 25 septembre 1813.
Lavaur, 3 décembre 1817.
Le Havre, 26 février 1817.
Le Mans, 30 septembre 1814, 25 septembre 1816.
Le Puy, 22 mars 1826.
Libourne, 20 avril 1817.
Lille, 5 avril 1813.
Limoges, 28 décembre 1815.
Limoux, 5 février 1817.
Lisieux, 15 janvier 1817.
Lons-le-Saulnier, 12 juin 1822.
Lorient, 26 décembre 1813.
Louviers, 22 octobre 1817, 30 octobre 1825, 26 mai 1833.
Lunéville, 22 janvier 1817.
Lyon, 6 novembre 1813.
Mâcon, 3 décembre 1817.
Marmande, 21 mai 1817.
Marseille, 22 décembre 1812.
— Addit. 11 mars 1818.
Maubeuge, 21 mai 1823.
Meaux, 28 mai 1817.
Melun, 22 janvier 1817.
Metz, 24 février 1815.
Mirecourt, 8 décembre 1824.
Moissac, 26 février 1817.
Montargis, 13 août 1823.
Montauban, 26 février 1817.
Montereau-sur-Yonne, 15 octob 1823

Montpellier, 28 décembre 1815.
Morlaix, 3 décembre 1817.
Moulins, 22 mai 1815.
Mulhausen, 18 décembre 1816.
Nancy, 22 mai 1815.
Nantes, 14 juin 1813.
Narbonne, 22 octobre 1817.
Nérac, 26 mars 1817.
Nevers, 30 octobre 1815.
Nîmes, 6 janvier 1814.
    —   15 janvier 1823.
Niort, 5 février 1817.
Nogent-le-Rotrou, 22 octobre 1817.
Orléans, 30 septembre 1814.
Paimbœuf, 26 mars 1817.
Paris, 13 mars 1793.
    —   19 vendemiaire, an x.
    —   4 février 1815.
    —   21 octobre 1818.
    —   27 février 1811.
    —   17 mars 1812, 19 juillet 1836.
Pau, 15 janvier 1817.
Perigueux, 26 février 1817.
Perpignan, 29 janvier 1814.
Pézénas, 26 mars 1817.
Poitiers, 22 mai 1815.
Pont-à-Mousson, 2 avril 1817.
Pont-Audemer, 26 février 1817.
Quimper, 28 mai 1817.
Rabastens, 3 décembre 1817.
Reims, 14 janvier 1815.
Rennes, 11 janvier 1815.
Rochefort 6 janvier 1814.
Romans, 28 mai 1817.
Rouen, 27 septembre 1813.
Sables d'Olonnes, 7 avril 1824.
    —   20 février 1828.
Saint-Chaumont, 21 mai 1823.

Saint-Etienne, 22 mars 1826.
Sainte-Foix, 21 mai 1817.
Saint-Germain, 30 septembre 1814.
Saint-Gilles, 5 novembre 1823.
Saint-Jean-d'Angely, 6 août 1823.
Saint-Etienne, 22 mars 1826.
Saint-Malo, 23 juin 1819.
Saint-Martin (île de Rhé), 16 juillet
  1823.
Saint-Omer, 2 avril 1817.
Saint-Quentin, 21 décembre 1815.
Salins, 23 juin 1819.
Saumur, 5 février 1817.
Schelestadt, 8 janvier 1817.
Sédan, 3 décembre 1817.
Sens, 3 janvier 1822.
Soissons, 22 mai 1825.
Strasbourg, 5 avril 1813.
Tarascon, 28 mai 1817.
Tarbes, 26 mars 1817.
Thionville, 31 octobre 1827.
Tonneins, 21 mai 1817.
Toul, 28 mai 1817.
Toulon, 11 juillet 1814.
Toulouse, 26 février 1817.
  —   30 septembre 1820.
  —   11 août 1824.
Tours, 12 février 1814.
Troyes, 29 août 1813.
Uzès, 26 février 1817.
Valence, 6 novembre 1813.
Valenciennes, 2 avril 1816.
Vendôme, 11 juin 1823.
Verdun, 23 juin 1819.
Versailles, 16 novembre 1813.
Vienne, 15 janvier 1817.
  —   20 octobre 1824.
Villeneuve d'Agen, 26 février 1817.

Vire, 15 janvier 1817.
Vitry-le-Français, 22 janvier 1817.
Yvetot, 23 juin 1819.

N. B. Chaque ordonnance veut en général que nul ne puisse exercer la profession de boulanger sans une permission du maire; qu'il se soumette à avoir constamment en réserve, dans son magasin, un approvisionnement de farine de première qualité; que les boulangers procèdent en présence du maire à la formation d'un syndicat; que le syndic et les adjoints règlent, sous l'autorité du maire, le minimum du nombre des fournées que chaque boulanger sera tenu de faire journellement. Des peines sont déterminées contre ceux qui enfreignent ces dispositions.

Nous donnons seulement l'ordonnance royale qui a réglementé la boulangerie dans la ville de Chinon. — Toutes les autres ordonnances contiennent à peu près les mêmes dispositions, sauf les différences nécessitées par les besoins de chaque localité. — Voir les lois et ordonnances à leur date.

APPENDICE.

Loi *du 4 août, 21 septembre* 1789 (1).

Art. 2. Le droit exclusif des fuies et colombiers est aboli : les pigeons seront enfermés aux époques fixées par les communautés (*et dans tous les cas en temps de semailles, loi du 6 octobre* 1791), et durant ce temps ils seront regardés comme gibier, et chacun aura le droit de les tuer sur son terrain.

Loi sur la police du commerce des grains et l'approvisionnement des marchés et des armées, du 4 vendémiaire an IV.

Article 1er. Les grains et farines ne pourront, par continuation, être vendus et achetés ailleurs que dans les foires et marchés publics.

Art. 2. La contravention à cet article sera punie.

1º Par trois mois de détention du vendeur et de l'acheteur;

2º Par la confiscation des grains et farines, et par une amende égale à leur valeur, supportable, par moitié, par le vendeur et l'acheteur.

Art. 3. Sont exceptés de la prohibition énoncée en l'article 1er les ventes et achats de grains et farines destinés à subvenir à des services publics instans, et qui auront pour objet,

(1) Cette loi a été rapportée par celle du 21 prairial an v. Nous la donnons ici comme simple souvenir. V. d'ailleurs le décret du 4 mai 1812 ci-après.

1° L'approvisionnement des armées de terre et de mer;

2° Celui de la commune de Paris;

3° Celui des manufactures, usines et ateliers employés pour la République.

Art. 4. Les entrepreneurs, fournisseurs, commissionnaires ou préposés quelconques, chargés de faire les divers achats mentionnés en l'article 3, pourront les effectuer hors les foires et marchés, mais ils devront être munis; savoir :

Les préposés aux achats des grains ou farines destinés aux besoins des armées de terre et de mer, d'une commission émanée des agens généraux des subsistances militaires;

Les préposés aux achats des denrées destinées pour Paris, d'une commission pareillement émanée des agens généraux des subsistances de cette commune;

Les préposés aux achats des dénrées destinées aux besoins des manufactures, usines et ateliers, d'un bon ou permis de la municipalité du lieu de l'établissement.

Art. 5. Les commissions, bons ou permis, porteront dans tous les cas les quantités de grains qui devront être achetées; ils seront de plus soumis au visa des officiers municipaux des lieux où se feront les achats.

Ce visa, qui ne pourra être refusé sous aucun prétexte, et dont il sera tenu registre, énoncera les dates des jour, mois et an, et la quantité de grains qui aura été achetée.

A défaut de ce visa, les grains ou farines ne pourront être enlevés, à peine, pour les contrevenans, d'un an de détention.

Les commissions, bons ou permis, cesseront d'avoir leur effet dès que les achats des quantités y énoncées auront été consommées.

Ces pouvoirs pourront être renouvelés à fur et à mesure des nouveaux achats à faire.

Les porteurs des commissions, bons ou permis, ne pourront déléguer leurs pouvoirs.

Ceux qui seraient trouvés saisis d'une fausse commission, bon ou permis, seront punis comme faussaires.

ART. 6. Les citoyens des campagnes qui ne récoltent pas suffisamment de grains pour leur nourriture, et qui habitent des lieux où il n'y a pas de marché, pourront s'approvisionner pour trois mois chez les cultivateurs, fermiers ou propriétaires de leurs communes, moyennant un bon de la municipalité, constatant leurs besoins et la quantité nécessaire à leur consommation pendant ledit temps.

La municipalité tiendra registre de ces bons : ils resteront entre les mains des vendeurs, pour être par eux représentés au besoin.

ART. 7. Les marchands blatiers qui achètent des grains dans un lieu pour les conduire aux foires et marchés, sans en faire ni entrepôt ni magasin, auront également la liberté de faire leurs achats hors des marchés : mais indépendamment de la patente dont ils doivent être pourvus, ils seront munis d'un bon ou permis de la municipalité du lieu pour lequel ils destinent les grains achetés; ce permis contiendra la date de la patente, la quantité de grains que les blatiers doivent conduire à chaque marché; avant l'enlèvement des grains et farines, ce permis devra être visé par la municipalité du lieu de l'achat.

Lorsque les grains ainsi achetés seront arrivés au lieu de leur destination, les blatiers se présenteront devant la municipalité pour obtenir une décharge des grains dont l'achat leur a été commis.

Ils seront tenus de reproduire cette décharge à la municipalité du lieu où les achats auront été faits.

ART. 8. Les particuliers non marchands et non pourvus de patentes, qui sont dans le cas d'acheter des blés ou farines pour leurs besoins et ceux de leurs familles, ne pourront porter leur approvisionnement, jusqu'à la récolte prochaine, au-delà de ce qui sera nécessaire à leur consommation, c'est-à-dire, à raison de quatre quintaux de blé-froment; ou de cinq quintaux de blé mêlé, par personne ; et ce, à peine de confiscation de l'excédant, et de deux mille livres d'amende, applicable, moitié au profit du dénonciateur, moitié à celui de la commune du lieu où les grains auront été saisis, arrêtés ou vendus : l'amende et la confiscation seront supportées, moitié par le vendeur, moitié par l'acheteur.

Art. 9. Les particuliers ne pourront acheter que dans les foires et marchés; ils ne le pourront aussi que sur des bons ou permis délivrés par la municipalité, énonciatifs de leurs besoins et des quantités nécessaires pour les remplir : ces bons ne pourront jamais être refusés par les municipalités, tant que les besoins de chaque consommateur ne seront pas remplis.

Art. 10. Les municipalités et corps administratifs sont autorisés, chacun dans son arrondissement, à réquérir les fermiers, cultivateurs et propriétaires de grains et farines, de faire conduire dans les foires et marchés les quantités nécessaires pour les tenir suffisamment approvisionnés.

Art. 11. Les administrateurs détermineront les quantités à apporter aux marchés, à raison de l'étendue de l'exploitation de chaque fermier, cultivateur ou propriétaire, du nombre de ses charrues, et de ce qui lui reste à vendre, déduction faite de ses besoins.

Elles indiqueront également les marchés et foires où les grains et farines seront apportés, ainsi que les époques des apports, de manière que les marchés et foires soient convenablement pourvus pendant tout le cours de l'année.

ART. 12. En cas de refus de la part des détenteurs des grains, les administrateurs pourront mettre
des batteurs, et assurer des voitures aux frais desdits
détenteurs.

En cas d'opposition de leur part, les administrations sont autorisées à employer la force armée
pour assurer l'exécution de la loi.

ART. 13. Les opposants seront, de plus, condamnés à trois mois de détention, et aux frais de
déplacement de la force armée. Les jugements à
intervenir seront affichés à leurs frais dans l'étendue du district.

ART. 14. Si les propriétaires ou détenteurs de
grains qui n'exploitent pas par eux-mêmes, n'ont
pas de voitures, ils pourront obliger leurs fermiers
ou cultivateurs, s'ils hâbitent la même commune,
à conduire leurs grains aux marchés, moyennant le
prix qui sera modérément taxé par le juge de paix.

ART. 15. Les municipalités sont tenues, sous la
responsabilité individuelle et collective de leurs
membres, d'exercer les réquisitions mentionnées
en l'article 10, et d'en justifier à l'administration
supérieure. En cas de négligence d'exercer lesdites réquisitions, les municipalités seront poursuivies devant les tribunaux, et les officiers municipaux condamnés à une amende égale à la moitié de
la valeur des grains qu'on leur avait enjoint de réquérir; et, en cas de refus, lesdits officiers municipaux seront condamnés à une détention de trois
mois, et à une amende égale à la valeur des grains
qu'on leur avait ordonné de réquérir.

ART. 16. Si les fermiers, cultivateurs, propriétaires ou détenteurs de grains, les ont vendus aux
agents du gouvernement, aux chefs d'ateliers et
manufactures, aux habitants malaisés des communes, aux marchands blatiers, ils se feront donner
une déclaration contenant la quantité des grains
vendus, et en enverront un double, certifié par le

juge de paix, aux corps administratifs ou municipalités; il leur sera tenu compte, sur lesdites réquisitions, du montant des ventes effectuées.

ART. 17. Les dispositions des arrêtés du comité de salut public, des 13 et 28 fructidor dernier, sont confirmées. En conséquence, les particuliers, municipalités ou corps administratifs qui auraient exercé ou autorisé, exerceraient ou autoriseraient des arrestations de grains et farines achetés, soit pour le service militaire, soit pour l'approvisionnement de Paris, sont tenus de les rendre ou faire rendre à la circulation, sous les peines portées par l'article 15 contre les refusants.

ART. 18. Les lois qui ont prohibé toute exportation de grains et farines de toute espèce, continueront d'être exécutées. En conséquence, tous transports de grains et farines surpris à la distance de deux lieues en deçà des frontières et des côtes maritimes, sans acquit-à-caution de la municipalité du propriétaire, seront confisqués avec les voitures, bêtes de somme et bâtiments qui les transporteraient au profit de ceux qui les arrêteront, et il y aura peine de deux années de fers contre les conducteurs et propriétaires contrevenants.

ART. 19. Sont exceptés des dispositions ci-dessus les individus conduisant à une commune maritime ayant une population de dix mille ames et au dessus, des charrettes ou chevaux et autres bêtes de somme chargés de grains et farines, lorsqu'ils suivront le chemin ordinaire qui conduit à ces communes.

ART. 20. Sont pareillement maintenues les lois antérieures sur la libre circulation des subsistances. Ceux qui seront convaincus d'y avoir apporté obstacle directement ou indirectement, seront poursuivis et condamnés, outre la restitution, à une détention de trois mois, et à une amende de la moitié de la valeur des grains arrêtés; et dans le cas de récidive, ils seront condamnés à trois années de fers.

ART. 21. Les officiers municipaux ou autres fonctionnaires publics qui n'auraient par fait tout ce qui est en leur pouvoir pour empêcher l'arrestation des subsistances, seront sujets aux mêmes peines.

ART. 22. L'exécution de la présente loi est spécialement confiée à la surveillance et au zèle des administrateurs et officiers municipaux, des officiers de police, des dépositaires de la force armée, et au patriotisme de tous les bons citoyens.

Décret relatif à la circulation des grains et farines, à l'approvisionnement et à la police des marchés. Du 4 mai 1812.

Napoléon, etc. Nous étant fait rendre compte de l'état des subsistances dans toute l'étendue de notre empire, nous avons reconnu que les grains existants formaient une masse non seulement égale mais supérieure à tous les besoins.

Toutefois cette proportion générale entre les ressources et la consommation ne s'établit dans chaque département de l'empire qu'au moyen de la circulation.

Et cette circulation devient moins rapide, lorsque la précaution fait faire aux consommateurs des achats anticipés et surabondants, lorsque le cultivateur porte plus lentement aux marchés, lorsque le commerçant diffère de vendre, et que le capitaliste emploie ses fonds en achats qu'il emmagasine pour garder, et provoquer ainsi le renchérissement.

Ces calculs de l'intérêt personnel, légitimes lorsqu'ils ne compromettent point la subsistance du peuple, et ne donnent point aux grains une valeur supérieure à la valeur réelle, résultat de la situation de la récolte dans tout l'empire, doivent être défendus lorsqu'ils donnent aux grains une valeur factice et hors de proportion avec le prix auquel la denrée peut s'élever d'après sa valeur effective, réunie au prix du transport et au légitime bénéfice du commerce.

A quoi voulant pourvoir par des mesures propres à assurer à la circulation toute son activité, et aux départements qui éprouvent des besoins, la sécurité.

Sur le rapport de notre ministre des manufactures et du commerce; notre conseil d'état entendu, nous avons décrété et décrétons ce qui suit :

SECTION Ire.

De la circulation des grains et farines.

ARTICLE Ier. La libre circulation des grains et farines sera protégée dans tous les départements de notre empire. Mandons à toutes les autorités civiles et militaires d'y tenir la main, et à tous les officiers de police et de justice de réprimer toutes oppositions, de les constater, et d'en poursuivre ou faire poursuivre les auteurs devant nos cours et tribunaux.

ART. 2. Tout individu, commerçant, commissionnaire ou autre qui fera des achats de grains et farines au marché pour en approvisionner les départements qui auraient des besoins, sera tenu de le faire publiquement, et après en avoir fait la déclaration au préfet ou au sous-préfet.

SECTION II.

De l'approvisionnement des marchés.

ART. 3. Il est défendu à tous nos sujets, de

quelque qualité et condition qu'ils soient, de faire aucun achat ou approvisionnement de grains ou farines pour les garder, les emmagasiner et en faire un objet de spéculation.

Art. 4. En conséquence, tous individus ayant en magasin des grains et farines, seront tenus; 1° de déclarer aux préfets ou sous-préfets les quantités par eux possédées, et les lieux où elles sont déposées; 2° de conduire dans les halles et marchés qui leur seront indiqués par lesdits préfets ou sous-préfets, les quantités nécessaires pour les tenir suffisamment approvisionnés.

Art. 5. Tout fermier, cultivateur ou propriétaire ayant des grains, sera tenu de faire les mêmes déclarations, et de se soumettre également à assurer l'approvisionnement des marchés, lorsqu'il en sera requis.

Art. 6. Les fermiers qui ont stipulé leur prix de ferme payable en nature, pourront en faire les déclarations et justifications par la représentation de leurs baux. En ce cas, sur la quantité qu'ils seront tenus de porter aux marchés pour les approvisionnements, une quote-part proportionnelle sera pour le compte des bailleurs; et le fermier leur en tiendra compte en argent, sur le pied du marché où il aura vendu, et d'après la mercuriale.

Art. 7. Les propriétaires qui reçoivent des prestations ou prix de fermes en grains, pourront obliger leurs fermiers habitant la même commune, de conduire ces grains au marché, moyennant une juste indemnité, s'ils n'y sont pas tenus par leurs baux.

SECTION III.

De la police des marchés.

Art. 8. Tous les grains et farines seront portés aux marchés qui sont ou seront établis à cet effet.

Il est défendu d'en vendre ou acheter ailleurs que dans lesdits marchés.

ART. 9. Les habitants et boulangers pourront seuls acheter des grains pendant la première heure, pour leur consommation.

Les commissaires et commerçants qui se présenteraient au marché, après s'être conformés aux dispositions de l'article 2 du présent décret, ne pourront acheter qu'après la première heure.

Loi relative à l'importation et à l'exportation des Céréales, au palais des Tuileries, le 15 avril 1832.

LOUIS-PHILIPPE, ROI DES FRANÇAIS, à tous présens et à venir, SALUT.

Les Chambres ont adopté, NOUS AVONS ORDONNÉ et ORDONNONS, ce qui suit :

ARTICLE 1ᵉʳ. La prohibition éventuelle à l'entrée des grains et farines, prononcée par les lois des 16 juillet 1819 et 4 juillet 1821, est abolie.

ART. 2. Jusqu'au 1ᵉʳ juillet 1833, les droits d'entrée seront, sans distinction de provenances ;

1º. Pour les grains et farines importés, dans les cas où l'entrée en était autorisée par la loi du 4 juillet 1821, les droits fixés par ladite loi ;

2º. Pour les grains importés, dans le cas où l'entrée n'était pas autorisée par ladite loi, une surtaxe d'un franc cinquante centimes par hectolitre, pour chaque franc de baisse dans le prix des grains indigènes, constaté par les mercuriales des marchés régulateurs ;

3º. Pour les farines importées, dans les cas où l'entrée n'en était pas autorisée par ladite loi, une surtaxe, par quintal métrique, triple de celle qui sera perçue par hectolitre de grains.

ART. 3. Les droits d'entrée des grains d'espèce inférieure et de leurs farines seront fixés d'après les droits à prélever sur le blé froment et sa farine, dans la proportion suivante :

ESPÈCES DE Céréales.	SUR LES GRAINS PAR Hectolitre.	SUR LES FARINES PAR Qaintal métrique.
Froment....................	Pour 1 fr. 00 c.	Pour 1 fr. 00 c.
Seigle...................	0 60	0 65
Maïs....................	0 55	0 60
Orge....,...............	0 50	0 60
Sarrasin.................	0 40	0 50
Avoine	0 35	0 55

Art. 4. La surtaxe sur les importations par navires étrangers est réduite, pour tous les cas, à un franc vingt-cinq centimes par hectolitre.

La surtaxe sur les grains et farines arrivant par navires étrangers cessera d'être perçue, quand le prix moyen du froment s'élevera à plus de vingt-huit francs dans la première classe, vingt-six francs dans la seconde, vingt-quatre francs dans la troisième, vingt-deux francs dans la quatrième.

Art. 5. La surtaxe imposée sur les importations par terre, par la loi des douanes, est abolie pour l'importation des grains et farines.

Art. 6. L'article 2 et l'article 4 de la loi du 29 octobre 1830 sont remis en vigueur.

Les tarifs établis ou maintenus par la présente loi seront révisés dans la session qui suivra la récolte de 1832.

Art. 7. La prohibition éventuelle à la sortie des grains et farines, établie par les lois des 16 juillet 1819 et 4 juillet 1821, est abolie.

Les droits de sortie seront fixés conformément au

tableau A ci-annexé pour le blé froment, l'épeautre, le méteil, et pour les farines de ces grains.

Les droits de sortie des grains inférieurs et de leurs farines seront fixés, d'après les droits à prélelever sur le blé-froment et sa farine, dans les proportions suivantes :

CÉRÉALES.	SUR LES GRAINS PAR Hectolitre.	SUR LES FARINES PAR Quintal métrique.
Froment	Pour 1 fr. 00 c.	Pour 1 fr. 00 c.
Seigle.....................	0 60	0 65
Maïs	0 55	0 60
Orge	0 50	0 60
Sarrasin...................	0 40	0 50
Avoine..................,	0 35	0 55

Art. 8. Le rix paiera à l'entrée,

Par navires français, des ports de premier embarquement, des pays hors d'Europe par 100
    kilogrammes...................... 2 fr. 50 c.
D'Europe...................... 4   00
Des entrepôts, ou du Piémont en
    droiture par terre............... 6   00
Par navires étrangers et par terre.. 9   00

La sortie aura toujours lieu au droit fixe de vingt-cinq centimes par cent kilogrammes.

La présente loi, discutée, délibérée et adoptée par la Chambre des Pairs et par celle des Députés, et sanctionnée par nous aujourd'hui, sera exécutée comme loi de l'État.

DROITS de sortie du Blé-Froment, Épeautre ou Méteil.

	Le prix de l'hectolitre étant dans les classes				UNITÉS SUR lesquelles Portent les droits.	SORTIES. Droits.	
	1re	2e	3e	4e			
Grain par chaque franc de hausse, en sus du droit.						2 fr.	» c.
au-dessus de.	26	24	22	20	l'hectolitre.	4	»
au-dessus de.	25	23	21	19	Id.	2	»
à partir et au-dessous de.	25	23	21	19	Id.	»	25
Farine par chaque franc de hausse, en sus du droit.						4	»
au-dessus de.	26	24	22	20	100 kil.	8	»
au-dessus de.	25	23	21	19	Id.	4	»
à partir et au-dessous de.	25	23	21	19	Id.	»	50

Loi relative à l'importation des céréales, 28 janvier 1847.

ARTICLE. 1er. Les grains et farines importés, soit par terre, soit par navires français ou par navires étrangers, et sans distinction de provenance, ne seront soumis, jusqu'au 31 juillet 1847, qu'au minimum des droits déterminés par la loi du 15 février 1832.

Les riz, les légumes secs, les gruaux et fécules, importés de la même manière et de quelque provenance que ce soit, ne seront soumis, jusqu'à ladite époque du 31 juillet prochain, qu'à un droit de 25 cent. par 100 kilo.

ART. 2. Jusqu'à la même époque, les navires de tous pavillons, qui arriveront dans les ports du royaume avec des chargements de grains ou farines, riz, légumes secs, gruaux et fécules, seront exemptés des droits de tonnage.

ART. 3. Les dispositions des articles précédents seront applicables à tout bâtiment français ou étranger dont les papiers d'expéditions constateront que le chargement en grains, farines ou autres denrées comprises dans la présente loi aura été complété et le départ effectué d'un port étranger quelconque, avant le 1er juillet, même dans le cas où il n'entrerait dans un port français qu'à une époque postérieure au 31 juillet.

ART. 4. L'autorisation accordée au gouvernement, par l'article 8 de la loi du 22 juin 1846, de modifier les droits d'importation et d'exportation des grains et des farines de maïs, est maintenue jusqu'au 31 juillet 1847.

La même faculté de modifier les droits d'importation et d'exportation des grains et des farines de sarrazin, est accordée au gouvernement jusqu'à ladite époque.

ART. 5. Les compagnies concessionnaires ou adjudicataires de chemins de fer qui abaisseront leurs tarifs sur le transport des grains et farines, et des pommes de terre, d'ici au 31 juillet 1847, auront après cette époque la faculté de les relever, dans les limites du maximum autorisé par les lois de concession sans attendre les délais portés dans leur cahiers des charges.

ART. 6. Jusqu'au 31 juillet 1847, tout bateau chargé en entier de grains et farines, de riz, de pommes de terre ou de légumes secs, circulant sur les rivières ou sur les canaux non concédés, sera affranchi de tout droit de navigation intérieure perçu au profit de l'état. Il en sera de même du droit établi sur les canaux soumissionnés et perçus par les agens de l'état; dans le décompte du produit net des dits canaux, à fournir annuellement aux compagnies soumissionnaires, conformément aux stipulations des traités, il sera fait état des sommes qui auraient été perçues si la présente exception n'avait pas été accordée.

Ordonnance du roi relative à l'exportation des grains et farines de Maïs et de sarrazin, du 28 janvier 1847.

ARTICLE 1er. Les grains et farines de maïs et de sarrazin, exportés par toutes les frontières de terre et de mer, seront soumis, jusqu'au 31 juillet 1847, au maximum des droits que paient actuellement ces produits, en exécution de la loi du 15 avril 1832.

Ordonnance du roi qui prohibe, jusqu'au 31 juillet prochain, l'exportation des grains et fecules de toute espèce, ainsi que des marrons, châtaignes et de leurs farines, du 29 janvier 1847.

ARTICLE 1er. L'exportation des gruaux et fécules

de toute espèce, ainsi que des marrons, châtaignes et de leurs farines est prohibée jusqu'au 31 juillet prochain.

CODE PÉNAL.

ART. 471. Seront punis d'amende, depuis un franc jusqu'à cinq francs inclusivement. . . . . . 1o ceux qui, sans autre circonstance, auront glané, ratelé ou grapillé dans les champs non encore entièrement dépouillés et vidés de leurs récoltes ou avant le moment du lever ou après celui du coucher du soleil.

ART. 473. La peine d'emprisonnement pendant trois jours au plus, pourra de plus être prononcée, selon les circonstances, contre ceux qui..... auront glané, ratelé ou grapillé en contravention au no 10 de l'art. 471.

TABLE

DES

ARTICLES

CONTENUS

DANS LE DICTIONNAIRE.

———

TABLE
DES LOIS

APPENDICE.

Angers, Imp. de Cornilleau et Maige.